C.H.BECK ■ WISSEN

in der Beck'schen Reihe

W0180006

Der Begriff *Kleinasien* (lateinisch: *Asia Minor*) bezeichnet eine Landschaft – keinen Staat oder sonst ein politisches Gebilde. Zwar gehörte Kleinasien in der Antike zeitweilig zum Machtbereich mächtiger Völker wie etwa der Hethiter, Perser und Römer, doch beschränkte sich deren Herrschaftsgebiet nicht auf Kleinasien, sondern reichte weit darüber hinaus. Andererseits kontrollierten bisweilen lokale Stämme wie Ionier, Aioler, Lyder, Phryger, Karer und Kilikier gleichzeitig einzelne Gebiete dieses Raumes, so daß im Rückblick Kleinasien über Jahrtausende hinweg als Gegenstand unterschiedlichster Machtinteressen, Durchzugsgebiet gewaltiger Heere, vor allem aber als ein Schmelztiegel ganz unterschiedlicher Kulturen erscheint. Entsprechend reich und vielfältig sind die antiken Zeugnisse, die aus dieser, in ihrer politischen, kulturellen und religiösen Vielfalt einzigartigen Region erhalten geblieben sind. Elmar Schwertheim erforscht seit vielen Jahren die Geschichte Kleinasiens und hat sie in ihren Grundzügen in diesem Band knapp und allgemeinverständlich zusammengefaßt.

Elmar Schwertheim lehrt als Professor für Alte Geschichte an der Westfälischen Wilhelms-Universität, Münster, und ist Leiter der Forschungsstelle *Asia Minor*. Die Erforschung von Geschichte und Kultur Kleinasiens in der Antike bildet seinen Forschungsschwerpunkt, zu dem er zahlreiche einschlägige Publikationen vorgelegt hat.

Elmar Schwertheim

KLEINASIEN IN DER ANTIKE

Von den Hethitern bis Konstantin

Verlag C. H. Beck

Mit 12 Abbildungen und 3 Karten

Originalausgabe
© Verlag C.H.Beck oHG, München 2005
Gesamtherstellung: Druckerei C.H.Beck, Nördlingen
Umschlagabbildung: Handschlag zwischen Herakles
und Antiochos I. (mit Mitra auf dem Haupt);
Felsrelief aus Arsameia, Photo: Privatbesitz
Umschlagentwurf: Uwe Göbel, München
Printed in Germany
ISBN 3 406 50848 0

www.beck.de

Inhalt

Vorwort

Die Geschichte Kleinasiens wurde bereits in der Antike wesentlich durch die geopolitische Lage dieser Region bestimmt. Sie bildete eine Brücke zwischen den Hochkulturen Vorderasiens und des ferneren Ostens zu den sich entwickelnden Kulturen des Westens. Die große historische Bedeutung des Raumes liegt in der Tatsache, daß dort zu keiner Zeit kulturelle oder ethnische Ströme und Bewegungen behindert wurden. Weder Euphrat noch anatolisches Hochland und auch nicht die Wasserstraßen des Bosporus, des Hellespont und der Dardanellen bildeten jemals Hindernisse auf dem Wege von West nach Ost oder in die entgegengesetzte Richtung. Kleinasien verband vielmehr den Orient mit dem Okzident und erlangte dadurch eine ungemein wichtige Funktion in der Geschichte und Entwicklung des Mittelmeerraumes. Vieles in der Geschichte und Kultur Griechenlands und Roms, aber auch in der Geschichte des mesopotamischen und iranisch-indischen Raumes läßt sich ohne diese Vermittlerrolle Kleinasiens nicht erklären und verstehen.

Es mutet paradox an, daß Kleinasien auf diese Weise zwar Geschichte ‹gemacht›, aber dennoch keine eigene Geschichte eines seiner selbst bewußten Kulturraumes ‹geschrieben› hat. Wir können zwar die im weitesten Sinne historischen Phänomene, die wir in Kleinasien sehen, als multikulturell, kosmopolitisch oder auch ökumenisch beschreiben; diese scheinen aber nicht identitätsstiftend gewirkt zu haben, denn ‹den› Kleinasiaten haben sie eben nicht hervorgebracht.

Eine Geschichte Kleinasiens zu schreiben heißt demnach, Personen, Ereignisse und Sachverhalte zu beschreiben, die für diese Brückenlandschaft typisch sind. Einiges davon zeigt sich allerdings nicht mehr in Kleinasien selbst, sondern nur noch in seiner Wirkung in der Historie jener Länder und Reiche, die die Brücke Kleinasien genutzt haben. Ob dieser erste Versuch, die Geschichte Kleinasiens unter solchen Gesichtspunkten zu schreiben, angesichts des knapp bemessenen Raumes geglückt ist, müssen die Leser entscheiden.

Einen solchen Versuch zu wagen, verdanke ich dem Zuspruch und der tätigen Hilfe von Dr. Stefan von der Lahr aus dem Verlag C. H. Beck. Dafür sei ihm ebenso herzlich gedankt wie meiner Mitarbeiterin Gudrun Heedemann M. A., die sich die Mühen des Korrekturlesens mit mir geteilt hat.

Münster, im November 2004   *Elmar Schwertheim*

Kleinasien – Raum und Zeit

Wir sprechen und schreiben heute bisweilen über Kleinasien (lat. *Asia Minor*), ohne uns klarzumachen, welche Region im Altertum damit gemeint ist. Erst zu Beginn des 5. Jh. n. Chr. erscheint in der antiken Literatur der Begriff ‹Kleinasien›. Im ersten Buch seiner gegen die Heiden gerichteten «Weltgeschichte» beschreibt der christliche Historiker und Priester Paulus Orosius zuerst die antike Welt und äußert in diesem Zusammenhang (I 26): «*Die Landschaft Asien, oder damit ich es genauer sage, Kleinasien ist, abgesehen vom östlichen Teil, mit dem sie bis Kappadokien und Syrien reicht, überall vom Meer umgeben: im Norden vom Schwarzen Meer, im Westen vom Marmarameer und der Ägäis, zum Süden hin vom Mittelmeer*» (Orosius. Die antike Weltgeschichte in christlicher Sicht, übersetzt und erläutert von Adolf Lippold, Zürich und München 1985).

Kleinasien ist also der Teil der heutigen Türkei, der im Osten bis an den Euphrat heranreicht. Diesen Teil beschreibt auch bereits der am Ende des 1. Jh. v. Chr. in Rom lebende, jedoch in Kleinasien gebürtige Geograph Strabon als Halbinsel; er nennt sie aber Asia und betont, daß sie den gleichen Namen führe wie der gesamte Kontinent. Demnach ist Kleinasien sowohl bei Orosius als auch bei Strabon die Bezeichnung für eine Landschaft, nicht für einen Staat, eine Provinz oder ein irgendwie geartetes politisches Gebilde. Zu keiner Zeit war diese Region in sich geschlossen oder wurde einheitlich regiert. Das liegt sicherlich an der unterschiedlichen geographischen und geologischen Struktur der gesamten Halbinsel. Wir unterscheiden besonders die Küstenregion der Ägäis und die Hochebene im Inneren, die gemeinhin als Anatolien bezeichnet wird. Gerade die Bezeichnung Anatolien wird häufig mit Kleinasien gleichgesetzt. Dazu muß man einerseits wissen, daß Anatolien in byzantinischer Zeit der Name für eine im Westen Kleinasiens gelegene

Region (byz.: *Thema*) gewesen ist. Zum anderen meint in der historischen Geographie heutzutage Anatolien bzw. die anatolische Hochebene den westlichen Ausläufer Zentralasiens. Das schließt die Küstenregionen nicht ein, die der Begriff Kleinasien jedoch immer miteinbezieht.

Politisch betrachtet war Kleinasien zu allen Zeiten Teil von Staaten, Machtbereichen oder Völkerschaften. Einerseits haben sich immer wieder Mächte, Völker, Stämme oder Städte die Landschaft geteilt: Denken wir an die Hethiter, die Perser oder die Römer, die zumindest zeitweise über das ganze Kleinasien geherrscht haben, aber eben nicht *nur* über diese Halbinsel. Asia Minor war immer nur Teil dieser Großmächte, wenn auch ein besonders wichtiger und zentraler. Andererseits haben mehrfach verschiedene Stämme und Mächte gleichzeitig die Herrschaft über die Halbinsel ausgeübt – so etwa die Ionier, die Aioler, die Lyder und die Phryger, aber auch die Karer und Kilikier. Der Grund dafür liegt wohl wiederum in der unterschiedlichen geographischen Struktur ganz Kleinasiens. Wir finden die schöne, fruchtbare Küstenlandschaft, die sich zum Meer hin öffnet und in der sich die aus dem Westen eingewanderten ionischen oder aiolischen Siedler niederließen, und die rauhere, von Gebirgszügen geprägte anatolische Hochebene, in der vor allem die aus dem Balkan stammenden Phryger siedelten. Kilikier hingegen bevorzugten das uns eher unwirtlich anmutende Gebiet des Taurosgebirges.

All dies wissen wir schon aus schriftlichen Quellen, sei es aus keilschriftlichen Texten der vorderasiatischen Kulturen, sei es aus ägyptischen Urkunden, hethitischen Texten oder aus den vielen Angaben, die uns Homer in seiner Ilias dazu macht. Eine Brücke aber bildete Kleinasien bereits in einer Epoche, aus der wir noch keine schriftlichen Aufzeichnungen besitzen – und zwar in prähistorischer Zeit, ja sogar schon in der Frühzeit der Menschheitsgeschichte.

Die Frühgeschichte

Das 10. bis 3. Jahrtausend v. Chr.

Unsere Kenntnis kleinasiatischer Frühgeschichte ist in den letzten fünfzig Jahren enorm gewachsen. In der Mitte der dreißiger Jahre des vergangenen Jahrhunderts wurde im levantinischen Jericho zum ersten Mal ein ummauerter Ort ergraben, an dem für das Ende des 9. Jtsd. v. Chr. der Übergang von der Gesellschaft der Jäger und Sammler in die zumindest zeitweilige Seßhaftigkeit nachgewiesen werden konnte. Obwohl in Jericho keine Keramik – die sonst ein sicheres Zeichen von Handwerk, Arbeitsteilung und Seßhaftigkeit ist – gefunden wurde, galt lange Zeit dieser Ort als Ausgangspunkt der Entwicklung von Pflanzenanbau und Haustierhaltung, von wo aus diese sich nach Norden in das Gebiet zwischen Euphrat und Tigris und in die Taurosregion ausbreiteten.

Neuere Forschungen im Taurosvorland der heutigen Türkei, das sich zwischen Euphrat und Tigris nach Süden hin erstreckt, haben jedoch nicht nur eine selbständige Entwicklung der Kultur in dieser Region seit dem 10. Jtsd. v. Chr. ergeben, sondern haben auch unser Bild von der frühneolithischen Kultur – also aus den Anfängen der Jungsteinzeit – insgesamt beträchtlich erweitert. Das an einer der Tigrisquellen gelegene Çayönü war, seitdem dort 1964 systematische Ausgrabungen einsetzten, der Ort, der Antworten auf alle Fragen verhieß, die mit dem Übergang zur Seßhaftigkeit des Menschen im Vorderen Orient verbunden waren. Man wies dort eine große Siedlung nach, die schon fast alle Merkmale eines ‹Gemeinwesens› zeigte. Solide gebaute Hütten und Häuser deuten in Çayönü durch ihre mehrfach belegte, gleiche runde oder ovale Form auf einen sich herausbildenden Bautyp hin. Die nachgewiesenen runden Großraumbauten ebenso wie die großen langrechteckigen Bauten zeigen, daß nicht die Kleinfamilie, sondern die Sippe, eine Gruppe oder eine größere Gemeinschaft den Maßstab für die Bauherren dieser Häuser bildete. Zu solcher Gemeinschaft paßt auch sehr gut die fast ‹industrielle› Herstellung von Werkzeugen (Steingeräten), die sowohl größeren als auch gemeinschaftlichen Bedarf widerspiegelt. Das bedeutet, daß viele Bereiche der Ernährungswirtschaft, vor allem Ackerbau und Viehzucht, im Kollektiv betrieben wurden.

Der Kollektivgedanke wirkte aber auch in anderen Zusammenhängen: Besonders bemerkenswert ist dabei die kollektive Schädelbestattung, die schon einen Totenkult und in diesem eine gemeinschaftliche und gemeinschaftsstiftende Verehrung der Vorfahren erahnen läßt.

Gemeinschaftliche Götterverehrung und gemeinsames Ritual sind ganz zweifellos bedeutsame Gründe für die Bildung neuer und größerer sozialer Gruppen gewesen, wie sie sich durch die seit 1995 bis heute andauernden Grabungen auf dem Göbekli-Tepe beim modernen Urfa besonders gut nachweisen lassen (die Ausgrabung in Nevalı Çori und die Fortführung der Arbeiten dort fielen dem Bau des Atatürk-Staudammes zum Opfer). Wichtigste Hinweise für die Berechtigung solcher Deutungen sind die Anlagen und Skulpturen in den beiden Grabungsorten. Auf dem Göbekli-Tepe finden wir Skulpturen von Wildtieren, die der Bilderwelt der Zeit um 9000 v. Chr. entstammen. Auf monumentalen T-förmigen Stelen (Steinpfeilern) sind Auerochse, Eber, Löwe, Fuchs, Kranich und vielleicht auch der Widder – meist übereinandergestellt – zu sehen. Haustiere fehlen ebenso wie anthropomorphe (menschengestaltige) Darstellungen. Es spiegelt sich in diesen Kunstwerken die Vorstellungs- und Erfahrungswelt der Jäger wider. Sie scheinen sich auf dem Göbekli-Tepe einen Ort geschaffen zu haben, der dem zeitweiligen Zusammenleben und der Durchführung eines gemeinsamen Rituals diente, bei dem die Skulpturen der Wildtiere eine wichtige Rolle spielten.

Die Funde von Nevalı Çori führen uns bereits tiefer in jene Zeit hinein, da die Ausbildung von Gemeinschaften sich entwickelte. Dort wurde ein fast quadratisches Gebäude ergraben, das wegen seiner aufwendigen Bautechnik, seinen Steinbänken an den Seitenwänden und seinen skulptierten T-förmigen Stelen ähnlich wie auf dem Göbekli-Tepe als Ort gemeinschaftlicher Kulthandlungen angesprochen werden kann. Eine Nische, die man in einer Wand entdeckte, könnte sogar zur Aufnahme eines Kultbildes gedient haben. Ob ein menschlicher Torso und ein überlebensgroßer Kopf Teile ebendieses Kultbildes waren, muß freilich dahingestellt bleiben. Aber weitere Abbilder von Menschen, seien es Steinskulpturen oder Terrakotten, zeigen in ihrer Gesamtheit einen bis dato unerreichten Grad an Zivilisierung und eine entsprechende Weiterentwicklung des Gemeinwesens.

Daß dieser Grad der Zivilisierung aber nicht nur in Obermesopotamien zwischen Euphrat und Tigris, sondern auch – allerdings wohl nicht schon im 10. Jtsd. v. Chr. – im Kleinasien westlich des Euphrat erreicht wurde, zeigt eine T-kopfförmige Stele, die in der Kommagene gefunden wurde. Auch hier gab es also schon Zeugnisse dieser neolithischen Kultur, die in der frühen Zeit noch keine Keramikproduktion kannte und daher als akeramische oder vorkeramische Zeit gilt.

Auf der nächsthöheren Kulturstufe finden sich, über ganz Kleinasien verstreut, Siedlungen und Zeugnisse jener Epochen, in denen Kupfer bzw. Bronze ver- und bearbeitet wurde, d. h. aus der Zeit zwischen 6000 und 2000 v. Chr. Als wichtigste seien hier nur Hacılar und Çatal Hüyük genannt.

Der kleine Hügel von Hacılar, südwestlich des modernen Burdur auf der anatolischen Hochebene, ist noch in akeramischer Zeit – ehe man Tongefäße brennen konnte – besiedelt worden. Dörfliche Strukturen, geräumige Häuser und Steinskulpturen sind die frühesten Kulturzeugnisse dieser Siedlung. In frühneolithischer Zeit lassen sich sogar mit Hilfe von Keramikfunden Verbindungen dieses Ortes zu dem gar nicht so weit entfernten, ebenfalls im Südwesten des anatolischen Hochlandes gelegenen Çatal Hüyük – südöstlich des modernen Konya – nachweisen. Dies ist eine der größten je in Anatolien gefundenen und ergrabenen Siedlungen, die schon in neolithischer Zeit einen beachtlichen Umfang aufwies. Hier ist die Seßhaftigkeit früher Bevölkerungsgruppen Kleinasiens am ehesten faßbar. In bis in die Zeit um 6800 v. Chr. zurückreichenden Gebäudekomplexen haben die Menschen so bedeutende und großartige Zeugnisse ihres Lebens, ihres Weltverständnisses und ihres Glaubens hinterlassen, wie wir sie kaum aus anderen Bereichen unserer Welt kennen. Es ist das Verdienst des englischen Archäologen und Prähistorikers James Mellaart, uns seit 1958 durch seine Grabungen diese frühe Welt Kleinasiens erschlossen zu haben – eine Welt, die vom südwestlichen Ende der anatolischen Hochebene bis an Euphrat und Tigris in Nordsyrien reicht.

Reiche Wandmalereien, Skulpturen und auch Architektur belegen nicht nur eine Besiedlung dieses Platzes über einen Zeitraum von tausend Jahren, sondern eröffnen gleichzeitig Einblicke in die Entwicklung kleinasiatischer Kulturen und ihrer Träger vom Neolithikum bis in das Chalkolithikum (Zeit der Metallgewinnung und -verarbeitung). Organisierter Nahrungsmittelanbau war für eine Siedlung dieser Größe unabdingbare Voraussetzung. Herausbildung und Differenzierung von Handwerk im großen Stile lassen sich ebenso nachweisen. Aber auch eine Form der Hierarchisierung der Siedlungsgesellschaft wird erkennbar, wenn man zum Beispiel ein eindeutig als Priesterviertel gekennzeichnetes Gebiet ausmachen kann. Ritual und Religion lassen in Çatal Hüyük den Handwerker zum Künstler werden. Wandmalereien, Gipsreliefs, Kultstatuen oder stilisierte Bukranien (Nachbildungen der Schädel von Opfertieren) erlauben einen einmaligen Einblick in die Möglichkeiten kleinasiatischen Kulturschaffens in neolithischer und chalkolithischer Zeit. Fruchtbarkeit, Kraft und Stärke standen im Zentrum ritueller religiöser Verehrung: Der Stier und die an ihren meist überdimensioniert dargestellten Merkmalen der Fruchtbarkeit erkennbare Muttergottheit waren Themen des künstlerischen Wirkens.

Die Frage nach der Eigenständigkeit der Kultur(en) Kleinasiens ist für diese Zeit schwer zu beantworten. Vor allem für das südliche Kleinasien ist jedoch – viel intensiver und deutlicher als in Zentralanatolien – eine wechselseitige Beeinflussung mit syrisch-mesopotamischen Kulturen etwa in den Orten Değirmentepe, Mersin, Hassek Hüyük oder Arslantepe nachweisbar. Die erkennbaren urbanen Merkmale dieser Siedlungen in der kilikischen und südostanatolischen Region – wie etwa

Befestigungsanlagen, Tempel oder Paläste – aus dem 4. Jtsd. v. Chr. finden ihre Fortsetzung in der frühen Bronzezeit Zentral- und Westanatoliens. Im 3. Jtsd. v. Chr. finden wir beispielsweise in Demircihüyük eine planvoll angelegte dörfliche Siedlung, in Troia II die erste Monumentalarchitektur und in Alaca Hüyük reich ausgestattete Gräber lokaler Eliten.

Die Hethitologen Evelyn und Horst Klengel gehen noch einen Schritt weiter und vermuten, daß es auch schon Beziehungen zwischen den kleinasiatischen und den ägäischen Kulturen der Frühzeit gegeben hat. Eines der Indizien für die Richtigkeit dieser Hypothese könnte sich über die Beziehungen der einheimischen zur kretischen Kunst finden lassen.

«*Wahrscheinlich waren die chalkolithischen und frühbronzezeitlichen Bewohner Kleinasiens die Vermittler dieser Traditionen; zu ihrer Zeit mehren sich die Anzeichen, die Kleinasien in einen größeren Zusammenhang einordnen lassen. Keramiktypen, Hausformen und Bauweisen, Kultsymbole und Ornamente weisen einerseits nach Griechenland, nach Thrakien und dem übrigen Balkan sowie nach der Ägäis, andererseits wiederum nach dem Kaukasusgebiet, mit dem insbesondere die Metallfunde von Alaca und Horoztepe zu verbinden sind. Der Südosten Kleinasiens hat dagegen in seinem archäologischen Material manchen Kontakt mit dem nahen Syrien sowie mit Obermesopotamien aufzuweisen. Diese Gemeinsamkeiten lassen sich durch ethnische Bewegungen – durch die Wanderungen von Stämmen über die Völkerbrücke Kleinasien – sowie durch die Ausweitung des Handelsverkehrs erklären*» (E. und H. Klengel, Die Hethiter. Geschichte und Umwelt, 1970, 28–30).

Für die Geschichte Kleinasiens kann festgehalten werden, daß bis in das 3. Jtsd. v. Chr. unsere Kenntnis auf der Interpretation archäologischer Funde und Befunde beruht. Diese weisen auf die Existenz vieler unterschiedlichen kulturellen Einflüssen ausgesetzter Siedlungen hin. Beziehungen untereinander sind nur vereinzelt nachzuweisen. Die Beherrschung größerer territorialer Einheiten durch einzelne Städte, Fürsten, Könige oder andere Herrscher ist jedoch für das Kleinasien dieser Zeit noch nicht zuverlässig nachweisbar.

Von Beziehungen untereinander bzw. zu nicht-kleinasiatischen Mächten wissen wir erst durch die frühesten schriftlichen Nachrichten, die uns allerdings nicht aus Anatolien selbst erreicht haben. In dem zum Ende des 3. Jtsd. v. Chr. hochkultivierten Mesopotamien, und zwar unter den akkadischen Herrschern Sargon (2340–2284 v. Chr.) und Naramsin (2260–2223 v. Chr.), entstehen Keilschrifttexte, die von Kämpfen und Eroberungszügen dieser Herrscher gegen den Südosten Kleinasiens berichten.

Die Assyrer

Die ältesten schriftlichen Nachrichten aus Kleinasien selbst stammen aus dem frühen 2. Jtsd. v. Chr. Die zahlreichen in Kaniš (dem modernen Kültepe, das etwa 20 km nordöstlich des modernen Kayseri liegt) gefundenen Tontafeln geben beredt darüber Auskunft, daß das Land im 19. und 18. Jh. v. Chr. politisch in mehrere mittlere und kleinere Fürstentümer unterteilt war.

Da die Keilschriftzeichen und die Sprache dieser Tafeln assyrisch sind, wurde darauf geschlossen, daß eine assyrische Herrschaft bzw. Vorherrschaft in Kleinasien bestand. Nun sind die Dokumente zwar starke Indizien für die Anwesenheit der Assyrer in Kleinasien während eines Zeitraumes von rund drei Jahrhunderten, aber die in den Texten genannten Orte waren sicher keine assyrischen Kolonien oder gar herrschaftliche Residenzen, sondern lediglich Handelsplätze, wie sich nicht zuletzt durch die neueren Grabungen der Türkischen Geschichtsgesellschaft in Kültepe und durch die Interpretationen der Texte ergeben hat.

Kaniš-Kültepe lieferte in den letzten hundert Jahren Tausende von Tontäfelchen, die erkennen lassen, daß dieser Ort der wichtigste Handelsplatz der Assyrer in Kleinasien war. Auf diesen Tontäfelchen ist zudem eine Anzahl von Orten erwähnt, die zwar zum großen Teil noch nicht lokalisiert werden konnten, die aber meist nicht weit von Kaniš entfernt gelegen haben können. Allerdings werden auch Orte wie Ḫattusa oder Alıšar im Bogen des Halys genannt. Ein Netz aus assyrischen Handelsniederlassungen, die fast alle die Bezeichnung *karum* tragen, überzog also weite Teile Kleinasiens. Dieser Begriff kann nach Meinung der Hethitologen sowohl eine Handelsbehörde als auch eine -organisation oder -niederlassung bezeichnen.

Ganz zweifellos war nach den ergrabenen Befunden in Kültepe das dortige *karum* von Kaniš das bedeutendste in Kleinasien. Wie schon erwähnt, befand sich hier nicht nur das Tontafelarchiv für die geschäftlichen Aktivitäten der Händler von Kaniš, sondern von hier aus wurden auch die Geschäfte in den anderen Handelsstützpunkten gesteuert. Fast jedes *karum* schloß Verträge mit den einheimischen Fürsten. Das bedeutet auch, daß die einzelnen Handelsniederlassungen autonom waren und unabhängig neben den örtlichen Siedlungen bestanden. So kommt es, daß die umfriedete Siedlung auf dem Kültepe als hethitische Siedlung Neša (vgl. dazu das folgende Kapitel) hieß und die vor den Toren gelegene Vorstadt die assyrische Handelsniederlassung Kaniš gewesen ist, die einen eigenen Rechtsstatus besaß. Die Häuser der Vorstadt wurden freilich von einheimischen Bauleuten errichtet, wie die in Neša und in Kaniš identischen Hausformen zweifelsfrei belegen.

Die assyrischen Dokumente geben für die Geschichte Kleinasiens noch einige weitere wichtige Aufschlüsse: So finden sich unter den Namen der darin erwähnten Personen auch solche proto-indogermanischen, assyrischen, luwischen, hurritischen oder hethitischen Ursprungs. Auch im Götterhimmel leben mesopotamische und kleinasiatisch-hethitische Gottheiten nebeneinander – Assur, Ištar und Hadad werden in Kaniš/Neša ebenso verehrt wie Kubaba oder Ana.

Wenn diese Beobachtungen in den Texten von Kaniš typisch sind für alle gemeinsamen Siedlungen in Kleinasien, so dürfen wir hier schon sehr früh von einem internationalen Zusammenleben sprechen, das Anatolien, wie es scheint, schon in der ersten Hälfte des 2. Jtsd. v. Chr. auszeichnet. Alle Unterschiedlichkeit in Kultur, Religion und Tra-

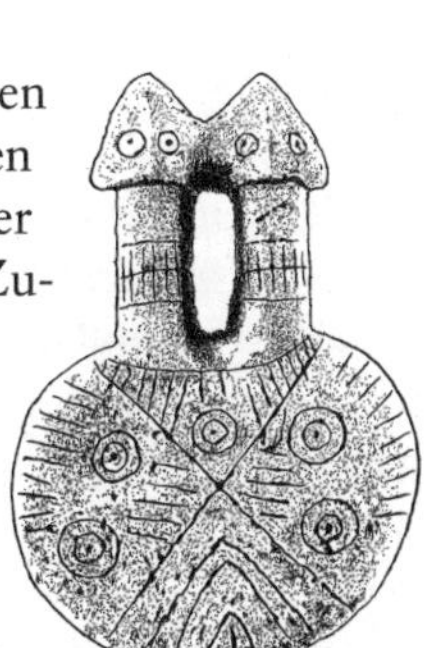

Abb. 1: Marmoridol aus Kültepe

dition hat also eher zu friedvollem Zusammenleben als zu größeren Auseinandersetzungen geführt. Man sprach zwei Sprachen, verehrte neben den eigenen auch andere, fremde Gottheiten, lebte in unterschiedlichen politischen und administrativen Systemen, trieb aber dennoch auf engstem Raum (zwischen der Stadt Neša und der Vorstadt Kaniš) umfangreichen Handel miteinander und heiratete untereinander.

Es ist ein Rätsel und wird auch wohl noch länger rätselhaft bleiben, warum diese friedliche Symbiose wohl bereits im 16. Jh. v. Chr. aufhörte. Kaniš scheint ein gewaltsames Ende gefunden zu haben. Ob dabei die einwandernden indogermanischen Stämme aus der Kaukasusregion eine entscheidende Rolle gespielt haben, wird erst die Zukunft erweisen. In vielen der Handelskolonien werden aber nach der Verdrängung der Assyrer vermutlich die Einheimischen den Handel übernommen haben.

Die Hethiter

Die Geschichte der Hethiter in Kleinasien beginnt mit der Einwanderung von Trägern der indogermanischen Sprachfamilie. Diese erfolgte spätestens im 3. Jtsd. v. Chr., und zwar wohl aus dem Norden der Schwarzmeerküste über den Kaukasus nach Anatolien. Für die Kenntnis der indogermanischen Sprache ist dieser Vorgang von nicht zu überschätzender Bedeutung. Nur in Kleinasien läßt sich nämlich dank schriftlicher Dokumente die Entwicklung der Sprache so gut studieren, da man Worte und Begriffe bis in die Zeit um 3000 v. Chr. zurückverfolgen kann. Man gelangt also auf eine Sprachstufe, die als ur-indogermanisch bezeichnet werden darf, und nirgendwo anders als in dieser Region kann man das Indogermanische über einen solch großen Zeitraum hinweg verfolgen bzw. rekonstruieren.

Aus diesem Ur-Indogermanischen hat sich das Hethitische in verschiedenen Entwicklungsschritten herauskristallisiert. So gab es das Hethitische, das um 1800 v. Chr. in Neša gesprochen wurde und das wir unter anderem aus den assyrischen Texten von Kaniš/Neša erschließen können. Aus späterer Zeit – etwa aus der Zeit zwischen ca. 1600 und 1200 v. Chr. – liegen dann aus Ḫattusa/Boğazköy schriftliche Zeugnisse vor, die auf einer späteren, veränderten Sprachstufe des Hethitischen entstanden sind – dem *ḫattili*.

Den Nachweis dieser hethitischen Sprachentwicklungen und der verschiedenen Sprachen, die im hethitischen Reich gesprochen worden sind, führten zwei Männer, die uns in wissenschaftsgeschichtlich bahnbrechenden Beiträgen die hethitische Welt erschlossen haben: Dies ist zum einen der tschechische Gelehrte Bedrich Hrozný, der im Jahre 1915 durch die Entzifferung der hethitischen Sprachdenkmäler uns diese Sprache als eine indogermanische verstehen ließ. Zum anderen war es 1922 dann Emil Forrer, der in einem Beitrag der Zeitschrift der Deutschen Morgenländischen Gesellschaft in den in Ḫattusa bis zu dem Zeitpunkt gefundenen Texten acht verschiedene Sprachen bzw. Sprachstufen nachwies. Dazu gehörte das wohl älteste *nesıli*, welches im östlichen Zentralanatolien, in Neša/Kaniš gesprochen wurde, und das *ḫattili* aus dem nördlichen Zentralanatolien; ferner das *luwili* aus dem Süden und Westen Anatoliens und das *palaumnili* (das Palaiische), welches im nördlichen Zentralanatolien gesprochen wurde. Neben diesen zur indogermanischen Sprachfamilie gehörenden Sprachen wies Forrer zudem Elemente hurritischer, babylonischer, sumerischer und indoiranischer Worte nach, die allerdings nicht nur für den Sprachforscher interessant sind, sondern auch dem Historiker die Vielfalt kultureller Einflüsse in der hethitischen Hauptstadt Ḫattusa im 14. Jh. v. Chr. zeigen.

Damit sind wir von der Sprache zur Geschichte der Hethiter bzw. genauer zur Geschichte des hethitischen Reiches gelangt, das sich als erste territoriale Großmacht auf kleinasiatischem Boden neben anderen Mächten wie Ägypten oder Babylonien im Vorderen Orient lange Zeit behaupten konnte.

Im 18. Jh. v. Chr. ist uns ein König namens Anitta in Neša bezeugt, der von dieser seiner Residenz aus andere Residenzen hethitischer Herrscher – wie etwa Ḫattusa oder Zalpa an der Küste des Schwarzen Meeres und auch das südliche Purušhanda – erobert hatte. Damit hatte er das erste Großreich gegründet, das sich von der Schwarzmeerküste über Zentralanatolien bis an die Südküste Kleinasiens erstreckte. Das Reich wurde seit den Tagen Anittas bis in das 16. Jh. hinein von Neša aus regiert. Erst Ḫattusili I. (ca. 1565–1540 v. Chr.), der ein entfernter Verwandter Anittas war, machte Ḫattusa zu seiner Residenz und damit zur Hauptstadt und zum Mittelpunkt des hethitischen Reiches.

Unter diesem Herrscher wurde Expansionspolitik nach Westen bis an die Ägäis betrieben und im Zuge dessen auch das Land Arzawa mit der damals schon bedeutenden Stadt Apaša, die wohl mit dem späteren Ephesos identisch ist, erobert. Auch im Osten konnten die Hethiter ihre Vormachtstellung bis nach Syrien und Babylon hin ausdehnen. So fiel etwa die Stadt Halpa (Aleppo) in ihre Hände und auch die Hammurabi-Dynastie wurde durch die Hethiter ausgelöscht.

Es folgten eineinhalb Jahrhunderte der Auseinandersetzungen mit den Kaskäern an der Schwarzmeerküste, mit den Mittani im Osten und dem westlichen Arzawa. Sie belasteten das Hethiterreich ebenso wie innenpolitische Schwierigkeiten, die das Reich mehrfach an den Rand des Ruins trieben. Aus dieser Zeit sind uns aber auch Zeugnisse überliefert, die von hoher politischer Klugheit und Weitsicht der hethitischen Herrscher zeugen. So gab König Telibinu (um 1500 v. Chr.) dem Reich eine formelle Verfassung, die auf den traditionellen Grundwerten des Königshauses aufbaute. Dabei spielten z. B. Loyalität oder Verantwortung eine große Rolle, und zwar auf allen Ebenen der Herrschaft: im Heer, in der königlichen Verwaltung, aber auch im Kult bzw. in der Religion. In der Außenpolitik war man zu der klugen Einsicht gelangt, daß man mit einer noch so großen königlichen Familie oder Sippe nicht alle eroberten Gebiete regieren und halten konnte. Daher wurden Staatsverträge geschlossen und eine Reihe von eroberten Gebieten und Ländern wurde aus dem Status der Untertanen entlassen und zu Bundesgenossen des hethitischen Großreiches gemacht. Dazu gehörte etwa auch das Land Kizzuwatna im Südosten Kleinasiens.

Unter König Suppiluliuma I. (ca. 1355–1320 v. Chr.) stieg das Hethiterreich endgültig zu einer Großmacht neben Ägypten und Babylonien auf. Eroberungen über Ugarit hinaus und bis in den Süden Syriens hinein, in dem Reichsgebiet der Mittani und auch in Arzawa, das sich zwischenzeitlich wieder hatte lösen können, führten zu einer bis dato nie erreichten Größe des Hethiterstaates. Bundesgenossen wurden nun zu Vasallen, die nur noch in ihren inneren Angelegenheiten frei entscheiden konnten. Dazu gehörten im Osten das bedeutende Reich von Karkamis und im Westen eine ganze Reihe von bisher von Arzawa abhängigen Gebieten wie Mira, Seha und – seit der Zeit Muwattallis II. (ca. 1290–1272 v. Chr.) – auch Wilusa, zu dem wesentliche Teile der späteren Troas gehörten.

Nicht unter hethitische Oberhoheit konnte übrigens Millawanda (Milet) gebracht werden, das zum mykenisch-griechischen Reich Achijawa gehörte; darauf werden wir später noch zurückkommen. Muwattalli II. war es auch, der in der berühmten Schlacht von Kadeš im Jahre 1275 v. Chr. den Expansionsdrang der Ägypter unter Ramses II. stoppte und damit das hethitische Reich rettete.

Vielleicht war es die ungeheure Größe des Reiches, vielleicht auch die Unmöglichkeit, ein solches Reich zu regieren, vielleicht aber auch nur Neid und Mißgunst innerhalb der königlichen Familie, die dazu führten, daß es schon im 13. Jh. v. Chr. zu großen Spannungen und zu neuerlich schweren innen- und außenpolitischen Auseinandersetzungen kam. Lange Kämpfe vor allem mit den ägäischen Anrainerstaaten und Vasallen, aber auch die Bildung von Sekundogenituren – also Fürstentümern, die von nachgeborenen Königssöhnen geführt wurden, die dem Herrscher nicht auf dem Thron folgen konnten – brachten immer stärker werdende hethitische ‹Sonderreiche› hervor, wie etwa das an der Südküste Kleinasiens gelegene Tarhuntassa oder das den nördlichen Euphrat beherrschende Karkamis. Diese Entwicklungen läuteten den Untergang des hethitischen Großreiches ein, das in Suppiluliuma II., der bis etwa 1190 v. Chr. regierte, seinen letzten Großkönig hatte.

Aus den Sekundogenituren wurden neue ‹Großkönigtümer›, die aber keineswegs die geographische Ausdehnung und die politische Bedeutung hatten, wie das vergangene hethitische Großreich mit seiner Hauptstadt Hattusa. Sie alle waren Epigonen der einstigen Dynastien, auf die sie sich zum großen Teil genealogisch zurückführten und deren Tradition sie bis in das 8. und 7. Jh. v. Chr. fortführten, deren Machtfülle sie aber nie mehr erreichten. Waren dies Ausdrucksformen eines allmählichen Verfalls, so ist ein echter Bruch aber in der Überlieferung festzustellen, da diese Epigonen nicht den Gebrauch der Keilschrift fortgeführt, sondern die ungleich schwieriger zu schreibenden luwischen Hieroglyphen benutzt haben. Diese sind uns vor allem auf Stelen-, Fels- oder Orthostateninschriften (Inschriften auf großen, behauenen Steinblöcken) überliefert und nicht mehr auf Tontafeln. Daß wir dennoch einiges über diese südöstlichen kleinasiatischen und syrischen Staaten wissen, verdanken wir der neuassyrischen und zum Teil auch der urartäischen Überlieferung. Die Herrscher dieser Staaten berichten über andauernde Kämpfe mit den hethitischen Nachfolgestaaten im Südosten.

Eine solche Überlieferung fehlt uns leider für die westlichen Nachfolgestaaten des Hethiterreiches. So sind dort die dem Untergang des hethitischen Großreiches folgenden Jahrhunderte für uns noch immer ‹dark ages› – ein dunkles Zeitalter. Immerhin wurde vor nicht allzu langer Zeit ein hieroglyphen-luwisches Siegel in Troia gefunden. Vielleicht hilft es, einen Zipfel des Schleiers zu lüften, der bislang über dieser Region lag. Doch ist solch ein Einzelfund schwer zu interpretieren; immerhin kann er Beziehungen zu den hethitischen Nachfolgestaaten andeuten – ja vielleicht war sogar Wilusa selbst einer dieser Staaten.

Andauernde Forschungen, Grabungen und Surveys (Oberflächenbegehungen) an vielen Stellen der Westküste Kleinasiens werden die erwähnten dunklen Jahrhunderte hoffentlich in den kommenden Jahren und Jahrzehnten weiter erhellen.

Zwei Völker Kleinasiens
in vorklassischer und klassischer Zeit

Die Phryger

Dem Gebiet der Troas bzw. Wilusa kommt für die Geschichtswissenschaft möglicherweise aufgrund der dortigen Funde und Befunde auch für jene Zeit hohe Bedeutung zu, als im Verlaufe der großen ägäischen Wanderung um 1200 v. Chr. thrakische Stämme nach Kleinasien einwanderten. Zu diesen indogermanisch sprechenden Völkerschaften gehörten sicher auch die Phryger, die vielleicht über die Dardanellen zuerst in die Troas drängten. Vielleicht sind sie es gewesen, die die berühmte ‹Bukkelkeramik› in der Schicht Troia VII b, also in der Zeit zwischen 1200 und 1000 v. Chr., gefertigt haben. Das ist nicht sicher, aber durchaus möglich.

Die Erwähnung von Phrygern, die am Sangariosfluß wohnen, in der Homerischen Ilias mag eine ferne Erinnerung an jene Phryger sein, die in der Dichtung unter der Führung des mythischen Helden Askanios (Il. 2,862) an einem mit Legenden umrankten Kampf um Troia teilgenommen haben. Wieweit dies alles erinnerungsnotwendige Fiktion oder realitätsnah ist, sei dahingestellt; doch die Entstehungszeit der Ilias führt uns in die Epoche, in der das phrygische Reich in höchster Blüte stand, und zwar in das 8. und 7. Jh. v. Chr. Damals mag auch der Dichter der Ilias der Vorzeit phrygischer Herrschaft in Kleinasien nachgespürt haben und diese mit seiner Geschichte des Kampfes um Troia verbunden haben.

Ansonsten haben wir keinerlei direkt überlieferte Zeugnisse für die Frühzeit der Phryger. Zwar spricht der assyrische König Tiglatpilesar I. (1112–1072 v. Chr.) von Kämpfen, die er gegen die Muški am oberen Tigris führen muß; und auch noch Sargon II. führte nach eigener Aussage im 8. Jh. v. Chr. Krieg gegen den Muški-König Mita, der allgemein mit dem phrygischen

Herrscher Midas gleichgesetzt wird, doch ob die Muški des 12. und 11. Jh. v. Chr., gegen die Tiglatpilesar kämpfte, tatsächlich die um diese Zeit aus dem Balkanraum eingewanderten Phryger waren, ist doch eher fraglich – würde es doch bedeuten, daß sie schon sehr früh ein Gebiet von den Dardanellen bis an den Tigris beherrscht hätten. Vielmehr sollte man der großen amerikanischen Prähistorikerin Mechtild Mellink folgen, die dafür plädiert hat, die Phryger nicht mit den Muški am Tigris zu identifizieren. Der phrygische König Midas habe wohl im 8. Jh. v. Chr. über die Muški am Tigris geherrscht und sei so in die Annalen Sargons II. als Mita, König der Muški, eingegangen.

Eine Unsicherheit bleibt allerdings, da die Sprachwissenschaft die Ethnie Muški mit den Ethnien Moesi und Mysi in Verbindung bringt. Erstere sind durch das Fortleben ihres Namens in der römischen Provinz Moesia an der oberen Donau bekannt; die Mysi kennen wir durch die Landschaft Mysia im Nordwesten Kleinasiens, die immer ein Teil der Landschaft Phrygien gewesen ist. Erst zukünftige Arbeit wird vielleicht Klarheit darüber bringen, in welcher Beziehung Muški, Phryger, Moesi und Mysi zueinander gestanden haben. Man kann jedoch schon jetzt festhalten, daß die Phryger im 12. Jh. v. Chr. mit anderen balkanischen Stämmen nach Kleinasien eingewandert sind. Ihr Hauptsiedlungsgebiet war das anatolische Hochland. Die phrygischen Zeugnisse in den Küstenregionen Kleinasiens sind so verschwindend gering, daß die Phryger Kleinasiens richtigerweise als die Bewohner Zentralanatoliens gelten dürfen.

Von einer Reichsbildung wissen wir erst durch spätere Quellen, vor allem durch den griechischen Historiographen Herodot und den römischen Geographen Strabon, die von einem Reich im 8. Jh. v. Chr. unter König Midas berichten, der die Hauptstadt nach Gordios, seinem Vater, Gordion genannt hat. Dieses Reich kann zu seiner Zeit durchaus als ein Großreich gelten, wenn er es, wie oben schon erwähnt, bis an den Tigris ausgedehnt hat.

Leider sind die bisher ans Tageslicht gekommenen phrygischen Sprachdenkmäler zu gering, um über die Entstehung, die Entwicklung und das Ende des Reiches Genaueres sagen zu können. Wir wissen nur, wenn wir Strabon folgen, daß König

Abb. 2: Die Felsfassade
des Midasgrabes mit
geometrischen Mustern

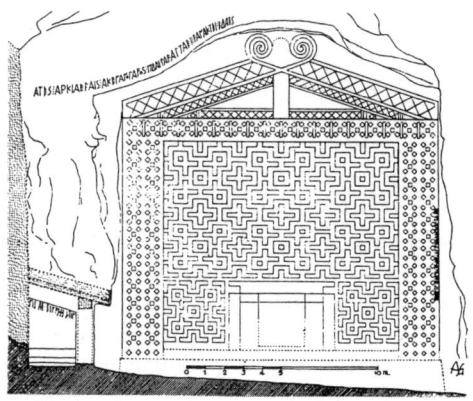

Midas im Jahre 697/6 v. Chr. sich durch das Trinken von Stier-
blut das Leben nahm. Der historische Grund für diesen merk-
würdigen Selbstmord liegt sicher in der Niederlage seiner Soldaten gegen die einfallenden Kimmerier, ein wahrscheinlich aus
dem Iran kommendes Nomadenvolk. Diese machten dann fast
ein Jahrhundert lang Kleinasien unsicher, bevor sie am Ende des
7. Jh. v. Chr. vom Lyderkönig Alyattes geschlagen und vertrieben wurden (vgl. S. 30). Für das phrygische Reich bedeutete
aber die Niederlage des Midas den Untergang der Zentralmacht
in Gordion. Die wenigen phrygischen Kleinfürstentümer, die
noch eine Zeitlang in Kleinasien Bestand hatten, gelangten bald
im 7. Jh. v. Chr. unter lydische Oberhoheit.

Die gut einhundert Jahre phrygischer Herrschaft in Kleinasien wären kaum erwähnenswert, wenn dieses Volk nicht bis
in die Spätantike wirksame Impulse gegeben und bis heute faß-
bare Spuren hinterlassen hätte. So finden wir die für den König
Midas typische sogenannte phrygische Mütze – die ein Schnei-
der dem König gefertigt haben soll, um dessen sagenhafte Esels-
ohren zu bedecken – später als Kopfbedeckung des Gottes Mithras wieder und ebenso in der christlichen Kunst als Kopfbedeckung der sogenannten Heiligen Drei Könige und schließlich
sogar am Beginn der Neuzeit als Jakobinermütze. Auch die geometrischen Formen, die wir heute noch an der Fassade des Mi-

dasgrabes in Phrygien bewundern können, haben bis in die moderne Kunst hinein Bewunderer und Nachahmer gefunden. Staunend haben sicher auch schon Griechen und Römer vor den Holzintarsienarbeiten und den Elfenbeinschnitzereien gestanden, wie sie uns durch die amerikanischen Ausgrabungen der letzten Jahre in Gordion wiedergewonnen wurden.

Aber nicht nur die Kunst, sondern auch die phrygische Sprache hat das 8. und 7. Jh. v. Chr. überlebt und ist für uns nachweisbar bis in die römische Kaiserzeit in Kleinasien erhalten geblieben. Sie wurde damals sicherlich nicht mehr gesprochen – und ganz gewiß nicht mehr in der Form des 8. Jh. v. Chr. Dennoch war sie lebendig, wie Fluchformeln in griechischen Grabinschriften aus dem Phrygien des 1. bis 3. Jh. n. Chr. belegen.

Es sind besonders die phrygische Religion und der phrygische Kult bzw. deren Inhalte und Denkmäler, die das 7. Jh. v. Chr. überdauert und Kleinasiens Geschichte geprägt haben. Selbst in Rom ist der phrygische Kult bis in die Spätantike geschichtswirksam gewesen, nachdem man im Zusammenhang mit dem 2. Punischen Krieg (218–201 v. Chr.) auf Anraten der Sibyllinischen Orakel-Bücher die ‹Große Göttermutter› aus dem phrygischen Pessinus, besser bekannt unter dem Namen Kybele, nach Rom geholt hatte (204 v. Chr.). Ihr wurde auf dem Palatin nach zehnjähriger Bauzeit ein eigener Tempel geweiht (191 v. Chr.).

Nun ist die ‹Große Mutter›, die ‹Göttermutter› oder die Kybele, die auch Kubaba heißt, keineswegs eine originär phrygische Göttin; die Art ihrer Verehrung und ihr Kult sind im Vorderen Orient und in Kleinasien sonst unbekannt. Die Selbstkastrierung der Priester und ihr Eunuchentum ist den anderen Religionen des Orients völlig fremd; sie muß also aus dem prähistorischen Europa bei der Einwanderung nach Kleinasien von den Phrygern mitgebracht worden sein. Der Brauch erklärt sich, wie schon Albrecht Goetze in seiner «Kulturgeschichte Kleinasiens» feststellte, aus einer Kultlegende, die in verschiedenen, meist erst später überlieferten Versionen ihren Weg in die klassische Antike fand. Ihr zufolge hat Kybele den Jüngling Attis, der einmal als ihr Sohn, einmal als ihr Geliebter auftritt, veranlaßt, sich an einer Pinie zu entmannen. Zwar stirbt Attis durch seine

Tat, doch durch das vergossene Blut entsteht neues Leben in Gestalt der Pflanzen, die aus seinem Blut entspringen. Zum anderen stirbt Attis nicht ganz, denn etwas von ihm – sein Haar und seine Fingernägel – wachsen und leben weiter. Eine andere Überlieferung läßt ihn sogar vom Tode wieder auferstehen. Durch die Selbstverstümmelung – glaubte der Priester der Kybele – werde er nun selbst Attis und trage wie dieser zu einem Leben nach dem Tode bei bzw. werde selbst weiterleben. Die verschiedenen Überlieferungen berichten im Zusammenhang mit dem Kult von Raserei und orgiastischen Szenen, weshalb der Kult in Rom zunächst verboten war und sogar per Gesetz untersagt wurde. Die sich über mehrere Tage hinziehenden Feste für die Göttin und Attis, ihren Parhedros (Kultgenossen), wie sie dann in der Zeit der späten Republik und während der Kaiserzeit gefeiert wurden, sind uns in den Fasten des römischen Dichters Ovid erhalten geblieben und bieten ein eindrucksvolles Bild, wie sich der einst phrygische Kult entwickelt hatte. (Vgl. dazu auch S. 100 ff.).

Auch der Mondgott Men ist ursprünglich ein phrygischer Gott. Daß sich die Späteren daran erinnerten, zeigt nicht zuletzt die gemeinsame Verehrung von Men und Attis in der römischen Kaiserzeit, als Attis mit dem Beinamen Menotyrannos erscheint. In solchen Epitheta (schmückende Beiworte) haben eine Reihe von phrygischen Gottheiten die Jahrhunderte überlebt. So verbirgt sich auch hinter Zeus, der mit dem Beinamen Bronton angesprochen wird, ganz sicher ein phrygischer Wettergott. Auch Zeus Bennios erinnert durch das Epitheton an einen phrygischen Gott der Fruchtbarkeit und der Ernte.

Selbst Sabazios, dessen Name sogar in dem christlich überlieferten Sabaoth wieder aufscheint, wurde in der römischen Kaiserzeit noch als ein phrygischer Gott verehrt. Ein Zeugnis seiner Verehrung findet sich sogar im römischen Germanien des 3. Jh. n. Chr. All diese Gottheiten werden aber überragt durch die Kybele, die immer als <u>die</u> phrygische Gottheit galt.

So ist vielleicht nicht die Ereignisgeschichte der Phryger in Kleinasien von allzu großer Bedeutung gewesen, die Wirkungsgeschichte aber in um so größerem Maße.

Die Lyder

Wir können den Eintritt der Lyder in das Licht der Geschichte Kleinasiens ebenso schwer bestimmen wie jenen der Phryger. Ihre Frühgeschichte im 2. Jtsd. v. Chr. liegt weitgehend im Dunkeln, da eigene Schriftzeugnisse der Lyder aus dieser Zeit fehlen. Wir wissen nur, daß das Lydische als eigene Sprache zur indogermanischen Sprachgruppe gehörte, die allgemein als ur-westanatolisch bezeichnet wird. Lydische Sprachzeugnisse stammen bis auf wenige frühere Ausnahmen erst aus dem 4. und 3. Jh. v. Chr.

Für die Frühzeit sind wir – wie bei so vielem, was uns in den folgenden Kapiteln beschäftigen wird – auf Herodot und auf den Geographen Strabon angewiesen. Herodot widmet sich im 1. Buch seiner Historien ausführlich den Lydern und ihren Herrschern. Was die lydischen Lande angeht, so müssen wir vor allem Rückschlüsse aus den Abgrenzungen der Landschaft Lydia ziehen, wie sie uns Strabon im 1. Jh. v. Chr. beschreibt. Ihm zufolge grenzt Lydien im Norden an Mysien, im Osten an Phrygien, im Süden an Karien, und im Westen bildet die Ägäisküste die natürliche Grenze. Das entspricht in etwa dem Gebiet, das vom 14. bis zum 12. Jh. v. Chr. zu weiten Teilen in den hethitischen Quellen mit den Vasallenstaaten Mira und Seha identifiziert wird.

Die Frühgeschichte schildert uns Herodot (I 7) folgendermaßen: «*Die Herrschaft der Herakliden kam so an das Geschlecht des Kroisos, die sogenannten Mermnaden: Kandaules, den die Griechen Myrsilos nennen, war Tyrann von Sardeis. Er stammte von Alkaios ab, dem Sohn des Herakles. Der erste König aus dem Heraklidenhaus in Sardeis war Agron, der Sohn des Ninos, Enkel des Belos, Urenkel des Alkaios. Kandaules, der Sohn des Myrsos, war der letzte. Die Könige dieses Landes vor Agron waren Nachkommen des Lydos, des Sohnes des Atys, nach dem das jetzige ganze Volk Lyder heißt, die man vordem als Meier bezeichnete. Diese übergaben den Herakliden die Herrschaft nach einem Götterspruch. Sie stammten von Herakles und einer Sklavin des Iardanos und herrschten 22 Menschenalter hindurch, 505 Jahre, und immer folgte der Sohn dem Vater auf dem Thron bis zu Kandaules, dem Sohn des Myrsos*» (Herodot, Historien. Griechisch – deutsch, hrsg. von J. Feix, München 1977).

Herodot erzählt die Geschichte der Lyder hier von ihrem Ende her. Kroisos war nämlich nicht der erste, sondern der letzte der Mermnadenherrscher. Der erste war Gyges, mit dem wir auch zum ersten Mal gesicherten historischen Boden betreten. Er hat sich nämlich im Kampf gegen die Kimmerier hervorgetan, die ja 697/6 v. Chr. mit der Eroberung von Gordion das Phrygerreich zerschlagen hatten. Rechnet man also von dieser Zeit her die bei Herodot angegebenen 505 Jahre zurück, so gelangt man zu dem mythisch geschilderten Beginn lydischer Geschichte im 12. Jh. v. Chr. Sollte in diesem Mythos über den Beginn lydischer Herrschaft ein Kern historischer Überlieferung erhalten geblieben sein, so ließe sich der Anfang unter König Agron, dem Sohn des Ninos, in seiner vielleicht neuen Residenz und Hauptstadt Sardeis mit den Umwälzungen in Kleinasien infolge der großen ägäischen Wanderung im 12. Jh. v. Chr. in Verbindung bringen. Schon vorher gab es aber, will man dem Mythos Glauben schenken, ein lydisches Herrschergeschlecht, das sich von einem Atys herleitet, nach dessen Sohn Lydos die Lyder ihren Namen haben. Wann dessen Herrschaft begann, liegt allerdings völlig im Dunkel der Geschichte.

Von den Umwälzungen im Zuge der ägäischen Wanderung bzw. von deren territorialen Folgen waren auch jene Kolonisten betroffen, die sich, von Griechenland kommend, an der Westküste Kleinasiens niedergelassen hatten (vgl. dazu S. 33 ff.). Da die lydische Geschichte parallel zu jener der Kolonien und deren Entwicklung verlief, ist es verständlich, daß wir trotz des Fehlens lydischer schriftlicher Quellen über die Geschichte Lydiens verhältnismäßig viel aus der griechischen Historiographie wissen. Vor allem Herodot ist es, der uns über die lydische Geschichte berichtet – allerdings immer aus griechischer Sicht, denn Herodot stammt ja bekanntlich aus dem griechischen Halikarnassos an der Westküste Kleinasiens. Von der Küste der Ägäis konnten die ersten Kolonisten offensichtlich die Lyder fernhalten oder zurückdrängen.

Die Zeit der Herrschaft der Mermnaden, deren erster Gyges

Abb. 3: Die Gesandt-
schaften kleinasia-
tischer Völker an der
Apadana in Perse-
polis

Die Gesandtschaft der Kappadokier

Die Gesandtschaft der Ionier

Die Gesandtschaft der Lyder

war, wurde bestimmt durch die Auseinandersetzungen mit den
Griechenstädten an der Westküste Kleinasiens und den Kimme-
riern. Gerade letztere waren es, die während des gesamten 7. Jh.
v. Chr. das außenpolitische Handeln der lydischen Herrscher bestimmten. Nach der Niederringung der Phryger durch die Kimmerier und der Zerstörung von Gordion begann unter Gyges (ca.
680–644 v. Chr.) der Kampf der Lyder gegen die Kimmerier.
Doch auch durch einen Beistandspakt, den er mit dem neuassyrischen Herrscher Assurbanipal schloß, konnte er nicht verhindern, daß die Kimmerier Sardeis eroberten. Gyges fand dabei
einen grausamen Tod. Seinem Sohn Ardys gelang es – wiederum
mit Hilfe Assurbanipals, allerdings nun als sein Vasall –, an der
Macht zu bleiben. Erst Alyattes (ca. 600–561 v. Chr.), der vierte
König der Mermnaden nach Gyges, Ardys (ca. 644–625 v. Chr.)
und Sadyattes (ca. 625–600 v. Chr.) konnten die Kimmerierge-
fahr endgültig bannen, das lydische Reich zu neuer Blüte führen

und es nach Osten bis an den Halys ausdehnen. Dort wurde Alyattes durch die Macht der Meder gestoppt (vgl. S. 43 ff.).

Die Auseinandersetzungen mit den griechischen Städten des Westens begannen ebenfalls bereits unter Gyges. Mehrfach zog dieser gegen die Stadt Milet, und wenn wir den assyrischen Quellen glauben dürfen, verkaufte er sogar ionische und karische Söldner nach Ägypten. Dadurch erzielte er gewaltige Einnahmen und legte so die Grundlagen für den späteren sprichwörtlichen Reichtum des letzten lydischen Herrschers Kroisos. Ardys, der Sohn des Gyges, prägte nicht nur die ersten Münzen aus Elektron (eine Gold-Silber-Legierung), sondern er nutzte auch die politische und ökonomische Stärke der Bewohner Milets, um mit ihnen bis an die Schwarzmeerküste vorzudringen.

Der Enkel des Ardys und Sohn des Sadyattes, Alyattes machte schließlich das lydische Reich dadurch zur Großmacht, daß er immer wieder gegen das mächtige Milet zog und auch Smyrna eroberte. Einige der Eroberungen, die Herodot (I 28) dem Kroisos (ca. 560–547 v. Chr.), dem Sohn des Alyattes, zusprach, dürften sicher schon auf den Vater zurückgehen: «*Nach einiger Zeit hatte er fast alle Volksstämme diesseits des Halys unterworfen. Alle außer den Kilikiern und Lykiern hatte sich Kroisos untertan gemacht: Lyder, Phryger, Myser, Mariandyner, Chalyber, Paphlagonier, Thraker, Thyner, Bithynier, Karer, Ionier, Dorer, Aiolier und Pamphylier.*» (Herodot, Historien. Griechisch – deutsch, hrsg. von J. Feix, München 1977). Diese große Ausdehnung lydischer Herrschaft führte dazu, daß Kroisos sich nun wiederum mit zwei Mächten auseinanderzusetzen hatte – den kleinasiatischen Griechen und den Medern. Mit den Griechen schloß er Verträge. So verpflichtete er die ionischen Inseln vor der kleinasiatischen Westküste vertraglich zur Freundschaft. Zu den anderen Städten regelte er die Beziehungen dergestalt, daß sie ihm steuerpflichtig wurden. Zur Absicherung seiner Außenpolitik befragte er auch mehrfach das Orakel von Delphi und stiftete dorthin unermeßlich reiche Gaben. Verhängnisvoll für ihn und das lydische Reich wurde dann allerdings seine Fehlinterpretation des Orakelspruches, den er vor dem Angriffskrieg gegen die Meder einholte. Die Weissagung, daß er durch diesen Krieg ein großes Reich zerstören würde, bezog er nicht auf sein eigenes Reich, sondern auf das des Gegners Kyros. 547 v.Chr. war der Untergang des Kroisos besiegelt, als die Perser seine Metropole Sardeis eroberten und plünderten. Ob der letzte König vor den Toren seiner Residenz auf dem Scheiterhaufen endete oder von Kyros begnadigt wurde, ist nicht sicher zu entscheiden; der Legende nach soll Kroisos den Kyros am Beispiel seines eigenen Lebens gewarnt haben, nicht ebenfalls überheblich zu werden, Hybris zu zeigen. Daraufhin soll Kyros ihm den Tod erspart haben.

Die Hybris des Kroisos ist es auch gewesen, die ihn in der Erinnerung der Griechen und auch der späteren Nachwelt erhielt: Ausführlich schildert Herodot (I 27 ff.) eine angebliche Begegnung zwischen Kroisos und Solon, in der die Weisheit (Sophrosyne) des Solon und die Hybris des Kroisos thematisiert werden, wie sie später in einer griechischen Tragödie zum Ausdruck kommen: Der sprichwörtliche Reichtum macht nicht glücklich, er führt nur zum Neid der Götter und damit ins Unglück – ein bis in die Spätantike und darüber hinaus vielfach variiertes Thema.

Der Reichtum des Kroisos war nicht nur sprichwörtlich und ganz gewiß keine Legende, sondern sehr real. Denn die Goldvorkommen in der Umgebung von Pergamon und auch das Gold, welches Kroisos sich mit Hilfe der Milesier aus dem Schwarzmeergebiet beschaffen konnte, versetzten ihn in die Lage, Münzen in Gold ausprägen zu lassen. Auch die vielen Kunstgegenstände, die als ‹Lydischer Schatz› bekannt geworden sind, zeugen vom Reichtum, aber auch von den großen künstlerischen Fähigkeiten der Lyder. Dabei offenbart sich in ihrem Verhältnis zur Kunst ebenso wie in den vielen Orakelanfragen an den Apollon von Delphi ihre Orientierung an der griechischen Kultur. Gerade die Götterwelt und die Tempel der Griechen in Kleinasien bildeten einen besonderen Anziehungspunkt für die Mermnaden. Sie stifteten nicht nur kostbare Weihegeschenke an das Schatzhaus in Delphi oder ließen dem Apollon in Didyma große Geldbeträge zukommen. Auch der damals schon berühmte Artemistempel in Ephesos erhielt großzügige Geschenke. So wird deutlich, wie wichtig schon damals der Einfluß und die Attraktivität der griechischen Kultur für die Entwicklung Kleinasiens gewesen sind.

Die Zeit der griechischen Kolonisation

Die Kolonisierung der Küstenregionen Kleinasiens

Die Anfänge griechischer Geschichte Kleinasiens gehen auf mykenische Interessen an und in Kleinasien zurück, die seit dem 15./14. Jh. v. Chr. ihren Niederschlag in einer bedeutenden Funddichte mykenischer Keramik gefunden haben. Diese Ware ist im Westen, Südwesten und Süden anzutreffen. Auch auf Rhodos und Zypern, an der Levante – besonders in Ugarit – und in Ägypten wurde sie in größerem Umfang gefunden. Demgegenüber fallen die Funde dieser Keramik im Nordwesten Kleinasiens und auch an der Schwarzmeerküste, mit einer gewissen Ausnahme von Troia, spärlich aus. Vielleicht darf man daraus schließen, daß die mykenischen Händler auf ihrem Weg in den Vorderen Orient und nach Ägypten an der kleinasiatischen Küste entlang Stützpunkte angelegt haben. Man wird auch heute noch Hermann Bengtson recht geben müssen, der in seiner «Griechischen Geschichte» schon vor fast 50 Jahren schrieb, daß eine derart weitreichende kommerzielle Expansion ohne politische Lenkung undenkbar sei. Voraussetzung sei zudem die Existenz einer Flotte, die die See beherrsche und die Handelswege offen halte.

Den Händlern werden bald andere Bevölkerungsgruppen gefolgt sein, die sich dann als Handwerker, Architekten, Töpfer oder in anderen Berufen in den Handelsstützpunkten niederließen. Diese wurden von den Hethitern seit dem 14. Jh. v. Chr. wohl nach ihrem Herkunftsland Achaia als Bewohner von Achijawa bezeichnet.

Aus Handelskolonien wurden dann offensichtlich bald Siedlungen, deren Bewohner sich zum Teil wohl auch aus einem Bevölkerungsüberschuß in Griechenland rekrutierten, der dann zu Auswanderungen bzw. zu Aussendungen geführt hat. So setzte mit dem Beginn der großen ägäischen Wanderung im 12. Jh. v. Chr. die eigentliche Kolonisierung der Küsten Kleinasiens ein.

Man hat früher oft die Besiedlung der kleinasiatischen Küste als eine direkte Folge der Einwanderung der Dorer – einem indogermanischen Stamm aus dem dalmatinisch-albanischen Raum – nach Griechenland angesehen; die einheimischen Stämme wären ihnen ausgewichen und so nach Kleinasien gekommen. Das läßt sich freilich heute kaum noch vertreten; vielmehr sollte man die Geschehnisse in einem größeren Zusammenhang sehen: Die sogenannte Dorische Wanderung nach Griechenland ist ebenso wie die Einwanderung der Phryger nach Zentralanatolien oder die griechische Kolonisation der kleinasiatischen Küste Teil der großen ägäischen Wanderung. Die Standorte mykenischer Faktoreien und Handelskolonien haben den Zuzug der Kolonisten sicher auch begünstigt, waren aber keineswegs immer die alleinige Ursache für die Ansiedlung neuer Kolonisten.

Es ist bemerkenswert, daß die Ansiedlung in Kleinasien ein gewisses Ordnungsprinzip erkennen läßt: Im Norden der Westküste siedelten die Aioler, deren Herkunftsgebiet der Norden Griechenlands war. Es folgten nach Süden hin in Kleinasien die Siedlungsgebiete der Ionier, die im Mutterland Attika und die Insel Euboia besiedelt hatten. Den Südwesten der Küste aber besiedelten die Dorer, die auch in Griechenland auf der Peloponnes, also auch südlich aller anderen, gewohnt hatten. Wenn wir von der aiolischen Besiedlung des kleinasiatischen Nordwestens sprechen, so ist damit nicht die Troas mit Troia/Ilion gemeint. Nach Ausweis der bisherigen Funde ist die Troas von der Insel Lesbos aus kaum vor dem Jahre 700 v. Chr. von Aiolern besiedelt worden. Hier tut sich also – was die erste griechische Kolonisation angeht – eine merkwürdige Lücke auf; vielleicht aber werden die Ausgräber von Troia noch zu ihrer Schließung beitragen können.

In der Frühzeit der griechischen Besiedlung der kleinasiatischen Küstenregion scheint es Streitigkeiten zwischen einzelnen Städten an der Westküste darüber gegeben zu haben, ob sie nun ionischen oder aiolischen Ursprungs seien. Das ist uns aus Smyrna (Izmir) und Phokaia (Foca) überliefert. Schließlich aber setzte sich dort wie anderswo das ionische Element durch den Zuzug immer neuer Einwanderer aus Attika durch.

Schon sehr früh schlossen sich auch die drei Einwanderungs-
gruppen zusammen und wählten einen Ort als ihr Versamm-
lungs- und Kultzentrum. So wählten die Dorer als ihren Ver-
sammlungsort das Triopion, einen Platz auf der Halbinsel von
Knidos, von wo aus man in drei Richtungen schauen konnte
(tri-ops). Hier errichteten sie ein Heiligtum, in dem Herodot zufolge Apollon Triopos verehrt wurde; ihm zu Ehren führten die
Bewohner der sechs wichtigsten Städte in ihrem Siedlungsgebiet
Spiele durch, als deren Siegespreis ein Dreifuß ausgesetzt war.
Dieser durfte aber von dem Sieger der Spiele nicht mitgenom-
men werden, sondern mußte im Heiligtum dem Apollon gestif-
tet werden. Als ein Bewohner von Halikarnassos diesen Brauch
einmal mißachtete und den Preis mit nach Hause nahm, wurde
seine Heimatstadt aus dem dorischen Städtebund ausgeschlos-
sen, so daß von den ursprünglich 6 Städten nun 5 übrigblieben:
Ialysos, Kamiros, Knidos, Kos und Lindos.

Auch die aiolischen Städte hatten ein gemeinsames Heiligtum. Dabei handelt es sich wohl ebenfalls um ein Apollonheiligtum im nördlich von Kyme gelegenen Gryneion – eine der
11 Städte, die das aiolische Siedlungsgebiet einschloß. Über diesen Tempel ist aus späterer Zeit nur noch bekannt, daß er auch
eine Orakelstätte war.

Das berühmteste Versammlungszentrum ist aber zweifellos
das auf der Mykale-Halbinsel gelegene Panionion. Dieses von
allen Ioniern anerkannte Heiligtum war dem Poseidon geweiht.
12 Städte hatten sich schon früh – dem Marmor Parium (einer
hellenistischen Chronik) zufolge schon im Jahre 1086/5 v. Chr. –
zu einer Amphiktyonie (Kultgemeinschaft) zusammengeschlossen, die jährlich am Panionion eine Festversammlung abhielt
und dabei dem Poseidon einen Stier opferte. Die genaue Lage
dieses Heiligtums ist übrigens bis heute nicht bekannt.

Zusammengenommen waren es also ca. 30 griechische Kolonien an der Westküste und auf den vorgelagerten Inseln, die an
den drei verschiedenen Orten regelmäßig zusammenkamen, um
sich ihrer Herkunft zu besinnen: Aioler, Ionier und Dorer, welche die drei Stämme der gemeingriechischen Bevölkerung bildeten. Sie hatten aus ihrer Heimat viel Gemeinsames, aber auch

viel Spezifisches und sie Unterscheidendes mitgebracht. Mythen, Sitten, Götter, Götterfeste, Kulte, Kalender, politische Administration, ja nicht selten erinnerten auch die ‹importierten› Ortsnamen an die alte Heimat und spiegelten noch in der Fremde deren politisches und kulturelles Leben wider.

Die Bedeutung dieser griechischen Siedlungen der kleinasiatischen Küste wird erst dann deutlich, wenn man sich vor Augen führt, wieviel Neues in Politik und Kultur hier seinen Anfang genommen hat. Viele Geistesgrößen der Frühzeit wurden dort geboren oder haben dort gelebt: Die bedeutendsten der Naturphilosophen – Anaximander, Anaximenes, Leukippos und Thales (alle aus Milet), Xenophanes (aus Kolophon), Heraklit (aus Ephesos), Anaxagoras (aus Klazomenai) oder Thrasymachos (aus Chalkedon). Auch Pythagoras stammte bekanntlich aus dem ionischen Samos. Vor allem aber sei Homer nicht vergessen, um dessen Geburtsort sich gleich sieben kleinasiatische Städte gestritten haben sollen. Der früheste Versuch, den Beginn dieser Welt in seiner «Theogonie» zu erklären, stammte freilich von Hesiod (7. Jh. v. Chr.) aus dem aiolischen Kyme, während Hekataios aus Milet und Herodot aus Halikarnassos als Urvater und Vater der griechischen Geschichtsschreibung Geltung beanspruchen dürfen.

Kleinasien als Brückenland und als Vermittlerin zwischen den Kulturen gewinnt in dieser Zeit der Auseinandersetzung der Griechen mit der von ihnen kolonisierten Umwelt neues Profil. Wahrscheinlich waren es die kleinasiatischen Griechen, welche die phönikische Konsonantenschrift und die keilschriftliche Buchstabenschrift aus Ugarit den Hellenen bereits im 10. oder 9. Jh. v. Chr. in der Form übergeben haben, die ein genialer Kopf ersonnen hatte, als er eine Lautschrift durch die Umwandlung phönikischer Konsonanten in Vokale entwickelte.

Auch die Entwicklung des Stadtstaates – der Polis, welche die typische Gesellschaftsform der Griechen war – erhielt starke Impulse aus den kleinasiatischen Kolonien. Der bereits zitierte Hermann Bengtson mag eine überpointierte These vertreten haben, doch der Grundgedanke könnte richtig sein, wenn er formuliert: «*Für die staatliche Entwicklung des Griechenvolkes*

*noch weit folgenreicher ist die Polis geworden, die sich zuerst
auf kleinasiatischem Boden, vielleicht im Anschluß an stadtähn-
liche Siedlungen der Anatolier, herausgebildet hat. Der nicht zu
überbrückende Gegensatz der Hellenen zu der einheimischen
anatolischen Bevölkerung, die ständig über den Neugründungen schwebende Gefahr eines jähen Unterganges hat die Kolonien von Anfang an gezwungen, sich in den Schutz der Mauern
befestigter Siedlungen zu begeben. (...) So ist es in Kleinasien
zur Ausbildung eines zwar engen, dafür aber um so intensiveren
Stadtlebens gekommen. In ihm wurden jener Geist und jene
politische Denkweise geboren, die für die Griechen der historischen Zeit so charakteristisch sind: ein an die engere Heimat,
die Polis, gebundener Patriotismus, eine ungewöhnliche Intensi-
vierung des inneren politischen Lebens der neuen staatlichen
Gemeinwesen, Eigenschaften, wie sie in dieser gesteigerten
Form in der Alten Welt einzig dastehen»* (H. Bengtson, Griechische Geschichte, 4. Aufl. München 1969, 59).

Vielleicht kann man eine entsprechende Entwicklung an den
beiden folgenden Beispielen ablesen.

Die Frühgeschichte von Ephesos und Milet

Es bestehen heute kaum noch Zweifel, daß es sich bei dem in
hethitischen Quellen des 14. Jh. v. Chr. genannten Apaša um
Ephesos handelt. Zu dieser Zeit war Apaša/Ephesos schon eine
Stadt, gegen die der hethitische König Mursilli II. zu Felde zog.
Die Besiedlung des Stadtgebietes reicht allerdings schon bis in
das Chalkolithikum des 4./3. Jtsd. v. Chr. zurück.

Das zu Ephesos gehörende Artemis-Heiligtum weist in seinen
ältesten Schichten bereits mykenische Keramik auf. Also war die
Stadt auch schon in so früher Zeit ein wichtiger griechisch-
mykenischer Handelsstützpunkt. In der späteren griechischen
‹Erinnerung› – wohl einer gelehrten Rekonstruktion scheinbar
gesicherten Faktenwissens – wurde sie im Jahre 1086/5 (so der
Marmor Parium) nach einem Ritual gegründet, wie es für viele
griechische Kolonien belegt ist; die Aussendung der Kolonisten
und ihre Landnahme erfolgte, nachdem man einen Orakel-

spruch eingeholt hatte. Für die Frühgeschichte von Ephesos berichten darüber zwei Gewährsleute, von denen einer Strabon (14. Buch, Kap. 1, 21) ist, der im 1. Jh. v. Chr. schrieb: «*Die Stadt Ephesos bewohnten Karer und Leleger. Die vertrieb Androklos und siedelte den größten Teil der Leute, die mit ihm gekommen waren, um das Athena-Heiligtum und die Ölbaumquelle an, nahm aber das Gebiet um den Koressos noch hinzu. Bis zur Zeit des Kroisos lag Ephesos an dieser Stelle. Später aber zogen die Einwohner vom Hügel des Koressos herunter und wohnten bis zur Zeit des Alexander um das heutige Heiligtum (das Artemision)*» (nach The Geography of Strabo VI, Loeb Classical Library, hrsg. H. L. Jones 1929). Androklos ist der Sohn des mythischen athenischen Königs Kodros. Dieser hatte die Siedler ausgesandt und seine beiden Söhne Androklos und Neleus als Führer (Oikisten) an die Spitze des Auswanderungszuges gestellt. Letzterer gründete Milet, auf das wir später zurückkommen werden.

Mit der Nennung des Namens des letzten lydischen Königs Kroisos ist der Hinweis verbunden, daß Ephesos als erste der Städte des ionischen Koinon (Gemeinschaft der Ionier) von Kroisos lange belagert und dann auch erobert worden ist, wie Herodot (I 26) uns berichtet. Das brachte dem König den Ruf eines Frevlers ein, denn die Griechen hatten nach alter Väter Sitte die Stadt mit dem Heiligtum, das, wie Herodot weiter zu berichten weiß, 7 Stadien (ca. 1200 m) entfernt lag, durch eine goldene Schnur verbunden. Diese Verbindung bezog die Stadt in den Asyliebereich des Tempels ein, der nicht in feindlicher Absicht betreten werden durfte. Kroisos scheint es dennoch getan und die Stadt zerstört zu haben. In der Folgezeit eroberte der König alle anderen ionischen und auch aiolischen Städte.

Die Zerstörung des alten Ephesos gab dann Anlaß für die Neugründung der Stadt in der Nähe der einstigen Siedlung. Von einer solchen zweiten Gründung weiß unser zweiter Gewährsmann, Athenaios (8, 361 e), der im 3. Jh. n. Chr. schrieb: «*Die späteren Gründer von Ephesos, die aus Mangel an einem geeigneten Platz schon viele Entbehrungen auf sich genommen hatten, schickten schließlich zum Gott und ließen ihn fragen, wo sie ihre Stadt bauen sollten. Der Gott gab ihnen zur Antwort, sie sollten ihre Stadt dort gründen, wo es ihnen ein Fisch angeben und ein Eber den Weg zeigen werde. Wo jetzt, so erzählt man, die Ölbaumquelle und der Heilige Hafen liegen, bereiteten Fischer ihr Frühstück. Da sprang einer der Fische heraus und fiel samt der glühenden Holzkohle in einen Reisighaufen. Die Flamme griff über auf ein Gebüsch, in dem sich zufällig ein Eber aufhielt. Von dem Feuer aufgescheucht, rannte er ein ganzes Stück auf den Berg, der Tracheia heißt, und von einem Speer getroffen, brach er zusammen an jener Stelle, wo jetzt der Tempel der Athene steht. Da kamen die Ephesier von der Insel, auf der sie zwanzig Jahre gelebt hatten, herüber und gründeten ihre Stadt zum zweiten Mal, indem sie Tracheia und das Gebiet zum Koressos hin besiedelten»* (nach einer Übersetzung von W. Elliger in: ders., Ephesos. Geschichte einer antiken Weltstadt, Urban – Taschenbücher 375, 1985, 12).

Beide Geschichten weisen natürlich legendenhafte Züge auf, bergen aber auch historisch verwertbare Informationen. Es gab bei allen Kolonisationszügen jeweils einen Gründervater, den Oikisten – in diesem Fall Androklos –, der das Gründergeschlecht der Androkliden anführte. Vor dem Auszug oder der Aussendung wurde das Orakel von Delphi befragt, und Apollon bestimmte in sehr orakelhafter Manier den Ort, den man häufig nur mühsam fand. Meist war schon eine einheimische Siedlung, ein Kultort oder sogar eine Stadt vorhanden, und an dieser Stelle oder in deren Nähe gründeten dann die Kolonisten ihre Stadt. Bemerkenswert ist, daß man offenbar nicht nur in Ephesos die Anbindung an ein älteres Heiligtum suchte. War es in Ephesos das Heiligtum der Artemis, so war es in Milet der Tempel des Apollon in Didyma.

Die Überlieferung der Gründungsmythen durch Strabon und Athenaios macht deutlich, daß noch 1000 Jahre später die Gründungsgeschichte bzw. der Gründungsmythos bekannt und wichtig für das kollektive Bewußtsein der Bevölkerung in den Städten Kleinasiens war. Die Rückbesinnung auf die Aussendung und die Beziehungen zur Mutterstadt sind also auch noch lange Zeit nach der Gründung bekannt und geschichtswirksam.

Dies ist aber nicht die einzige Konstante, die sich die einzel-

nen Städte bis in die späte römische Kaiserzeit bewahrt haben
und die sie befähigte, so manche Krise in der Folgezeit zu über-
stehen. Das gilt insbesondere auch für Milet, das nun näher vorgestellt werden soll.

Auch dort gab es bereits vor der griechischen Kolonisations-
welle eine Stadt. Archäologische wie auch schriftliche Quellen
(diese allerdings erst seit der Zeit der Hethiterherrschaft) geben
darüber Auskunft. Die frühesten Siedlungsspuren stammen aus
dem 5. und 4. Jtsd. v. Chr. Die Auswertung der Keramik hat ergeben, daß im 16. Jh. v. Chr. Kontakt zum minoischen Kultur-
raum – vielleicht durch Händler – bestand. Eine mykenische
Siedlung ist seit dem 14. Jh. v. Chr. belegt, und im 13./12. Jh.
v. Chr. muß die Stadt nach Ausweis der hethitischen Quellen, in
denen sie Millawanda genannt wird, bereits befestigt gewesen
sein. Im 12. Jh. v. Chr. lesen wir auch schon über milesische
Frauen als Milatiai in Linear B-Texten aus Pylos und Theben
(Linear B ist eine Frühform des klassischen Griechisch, das auf
Tontäfelchen aus dieser Epoche erhalten geblieben ist).

Der historischen Überlieferung zufolge ist diese Stadt niemals
– weder von Hethitern noch auch später von Phrygern oder Lydern – dauerhaft erobert worden. Sie war die bedeutendste früh-
griechische Siedlung an der Westküste Kleinasiens und hat diesen Rang nie verloren. Das wird nicht zuletzt darin deutlich, daß
man sich gleich zwei Gründungsmythen für die Stadt erzählte. In
der einen Geschichte geht die Gründung von Athen aus: Neleus,
der Bruder des Gründers von Ephesos, Androklos, und wie dieser Sohn des sagenhaften Athener Königs Kodros, soll Milet
gegründet haben. Als weiterer mythischer Gründer wurde ein
gewisser Miletos verehrt, der auch die Stadt Miletos auf Kreta
gegründet haben und mit einem Helden aus Homers Ilias, dem
Lykier Sarpedon, nach Kleinasien gekommen sein soll. Die Bewohner des kretischen Milet sollen nun mit diesem mythischen
Helden Sarpedon das kleinasiatische Milet gegründet haben.

Beide Gründungssagen bergen für das Selbstverständnis und
das politische Gedächtnis der Stadt einige wichtige Aspekte, die
sich aus den unterschiedlichen Überlieferungszweigen der Sagen
ergeben. Man hat nämlich versucht, beide Gründungsmythen

dadurch in Übereinstimmung zu bringen, daß Neleus sowohl mit Athenern als auch mit aus Kreta stammenden Ioniern nach Kleinasien gezogen sei und dort die Stadt Milet gegründet haben soll. Die Sage nimmt also Bezug auf die kretisch-minoische Vergangenheit Milets. Minoische Keramik, minoische Freskenfragmente und Fragmente mit der bis heute nicht entzifferten Linear A-Schrift aus dem 16.–14. Jh. v. Chr. belegen, daß dort eine Siedlung in dieser Zeit bereits bestand.

Zum anderen spielt Sarpedon in der Ilias des Homer eine wichtige Rolle. Er ist ein Sohn des Zeus und der irdischen Laodameia und führt im Troianischen Krieg das Heer der Lykier an. Milet wird nirgendwo in der Ilias erwähnt, und Sarpedon ist ein Lykier. Wie kommt also der Lykier Sarpedon nach Milet? Herodot (I 173) ‹löst› im 5. Jh. v. Chr. dieses Problem, indem er Sarpedon und die Lykier als aus Kreta Vertriebene bezeichnet, die sich im Südwesten Kleinasiens in Lykien und Karien angesiedelt haben. Im 4. Jh. v. Chr. hören wir dann von dem aus dem kleinasiatischen Kyme stammenden Historiker Ephoros, daß Sarpedon auch Milet gegründet habe. Vielleicht dürfen wir daraus folgern, daß den Griechen Kleinasiens – in diesem Falle den Milesiern – daran gelegen war, in Zusammenhang mit der Ilias, Homer und Troia/Ilion gebracht zu werden und auf diese Weise auch einen Platz im kulturellen Gedächtnis der Griechen einzunehmen. Die Ilias war nämlich das ‹Geschichtsbuch›, das jedem Schüler der Antike die ruhmreiche Vergangenheit Griechenlands vermittelte. Im 1. Jh. v. Chr. ging der sizilische Historiker Diodor (5, 79.3) gar soweit, die Bedeutung Milets noch weiter heben zu wollen, indem er behauptete, der milesische Gründervater Sarpedon sei der Großvater des Troia-Kämpfers gewesen, während der den Mythen noch stärker verhaftete Athener Apollodor noch im 2. Jh. v. Chr. geschrieben hatte, daß Zeus dem Sarpedon ein Leben über drei Generationen gewährt habe.

Die Gründung ihrer Stadt und die mit der Gründung verbundenen wichtigen gemeingriechischen Ereignisse spielten also in der Erinnerung der griechischen Kolonien an der Westküste Kleinasiens eine große Rolle. Diese Städte waren – und so entsprach es auch ihrem Selbstverständnis – Brückenköpfe grie chischer Kultur an der Ägäisküste. Daß es bei dieser Funktion nicht blieb, zeigt wieder das Beispiel Milets. Von hier aus sollen 90 Kolonien (so schreibt es Plinius der Ältere – 1. Jh. n. Chr. – im 5. Buch seiner Naturgeschichte) seit der 1. Hälfte des 7. Jh. v. Chr. an der Propontis (dem Marmarameer) und am Pontos Euxeinos (dem Schwarzen Meer) gegründet worden sein.

So wurde Milet selbst zur neuen Mutterstadt, an die sich ihre Neugründungen in Tradition, Kultur und Religion anlehnten. Es bleibt bemerkenswert, daß sich auch diese Kolonisierung an den Küstenlinien entlang vollzog. Das anatolische Hochland lag außerhalb der Interessensphären der griechischen Siedler. Ganz zweifellos aber hatten die Kontakte zur einheimischen Bevölkerung, auf die die griechischen Kolonisten bei ihrer Besiedlung der Küsten trafen – bei aller Wahrung der griechischen Tradition – natürlich einen Einfluß auf das öffentliche Leben, auf Religion und Kultur der neuen Griechenstädte. Dies können einige wenige Beispiele aus der Religionsgeschichte der kleinasiati-

schen Städte belegen: So hat es schon im 7. Jh. v. Chr. in Ephesos die Holzstatue der Artemis gegeben, die dann mit den aus dem hethitischen Kulturkreis bekannten Attributen der Zeugungskraft behängt wurde, den Stierhoden. Bis in die römische Zeit hinein war dann diese Artemis Ephesia Vorbild für viele Stadtgottheiten in den Griechenstädten Kleinasiens.

Auch der lydische Mondgott Men gewann gegenüber der Göttin Selene, die in der griechischen Klassik nur eine untergeordnete Rolle spielte, an Bedeutung. Er

Abb. 4: Die Ephesische Artemis.
Gefunden im Prytaneion in Ephesos.

war es, der von den Griechen in Kleinasien schon im 6. Jh. v. Chr. verehrt wurde. Darüber hinaus fand die phrygische Kybele als Meter Theon (Mutter der Götter) über die kleinasiatischen Städte Eingang in das klassische Griechenland (zur Kybele vgl. S. 100 ff.).

Bezeichnenderweise beeinflußte persische Kunst und Kultur das klassische griechische Mutterland kaum, wenn wir auch in Kleinasien selbst von einer graeco-persischen Kunst sprechen. Das lag aber sicher an dem griechisch-persischen Antagonismus, der für Griechenland – man denke an die Perserkriege – gefahrvoll, für Kleinasien selbst aber bedeutungsvoll war, wie im folgenden Kapitel erläutert werden soll.

Die persische Vorherrschaft in Kleinasien

Als Kyros II. im Jahre 547 v. Chr. den Lyderkönig Kroisos besiegt hatte, bedeutete dies nicht nur das Ende des Lyderreiches; vielmehr brach auch für die Griechenstädte an der Westküste Kleinasiens eine neue Zeit an. Sie mußten sich nun nicht mehr nur mit einem einzigen Herrscher und seiner Administration auseinandersetzen, sondern auch mit den mächtigen Stellvertretern eines im fernen Ekbatana oder Susa residierenden Großkönigs, mit den sogenannten Satrapen. Zum ersten Mal beherrschte nunmehr eine ‹ausländische› Macht – die Perser – ganz Kleinasien und hatte das Gebiet in zwei herrschaftliche Verwaltungsgebiete, Satrapien, aufgeteilt. Dies waren die Satrapie Katpatuka mit der Satrapenresidenz Daskyleion und die Satrapie Sparda mit der Residenz Sardeis (achaimenidisch: Sparda).

Beide Satrapien entstanden nach dem Willen Kyros II. des Großen (559–530 v. Chr.), gegen den der Lyder Kroisos in Überschätzung seiner militärischen Stärke zu Felde gezogen war. Wenn wir Herodot (I 70 ff.) glauben dürfen, so liegen die wesentlichen Motive für den Krieg und letztlich auch für die Eroberung ganz Kleinasiens durch die Perser in den Verpflichtungen, die sich aus familiären Bindungen ergaben. Kyros II. hatte nämlich seinen Großvater mütterlicherseits, Astyages, gestürzt. Dieser aber war ein Schwager des Kroisos, da er mit dessen Schwester Aryenis verheiratet war. Die ausführliche Schilderung Herodots, wie es zu dieser Heirat kam, zeigte auch schon dem antiken Leser, wie wichtig die familiären und die häufig daraus resultierenden politischen Verbindungen im gesamten Vorderen Orient waren. Die Territorialmächte Kleinasiens – die Hethiter, Phryger, Lyder und nun auch die Perser – spielten dabei eine gewichtige Rolle.

Unter den Befehlshabern Mazares und Harpagos wurden nach und nach alle griechischen Städte an der Westküste unter persische Oberhoheit gezwungen, mußten teilweise grausame Strafen für ihren Widerstand erleiden und sahen sich als Unterworfene mit belastenden Forderungen des neuen Herrschers konfrontiert. So mußten die Bewohner von Priene zusehen, wie ihre Stadt geplündert und die politische Elite in die Sklaverei geführt wurde. Einzig Milet hatte Kyros im Kampf gegen Kroisos unterstützt und durfte seine Privilegien, die es schon unter lydischer Oberhoheit genossen hatte, behalten.

Doch bedeutete die neue persische Oberhoheit für Kleinasien nicht nur Belastungen. So war der Bau der berühmten Königsstraße von Sardeis quer durch Anatolien bis an den Tigris und von dort weiter nach Susa für die Erschließung des Inneren Kleinasiens von unschätzbarem Wert. Auch der von Dareios I. (522–486 v. Chr.) eingeführte Dareikos, eine Goldmünze mit dem Bild des Königs und einem Gewicht von 8,42 Gramm, war für den Handel von großer Bedeutung. Er hatte nur das halbe Gewicht des Staters von Phokaia, der damals gebräuchlichsten ionischen Münze, war also marktfähiger als das große Nominal und erleichterte zudem das Umrechnen erheblich.

Auf der anderen Seite kann all dies nicht darüber hinwegtäuschen, daß es immer wieder zu kleineren und größeren Auseinandersetzungen kam. Sowohl die Satrapen untereinander als auch die griechischen Städte und die Satrapen gegeneinander führten heftige Kämpfe. Letztere hatten ihre tiefere Ursache sicher in den unterschiedlichen politischen Systemen: hier stadtstaatliche Verhältnisse zwischen Tyrannis und Demokratie, dort ein territorialstaatliches feudalistisches Herrschaftssystem, das alle gleichermaßen zu Untertanen, aber nicht zu mitverantwortlichen Bürgern machte. Hermann Bengtson formulierte das einmal so: «*Nicht aus dem Gegensatz von Freiheit und Knechtschaft, sondern aus der Unfähigkeit, sich gegenseitig zu verstehen, aus der inneren Fremdheit der Völker heraus ist der weltgeschichtliche Kampf der Griechen und Perser geboren worden*» (H. Bengtson, Griechische Geschichte, 4. Aufl. München 1969, 135). Dieser Kampf hatte seine Ursachen in den Verhältnissen in Kleinasien, und gerade die Stadt, der die Privilegien belassen wurden, die ihr schon Kroisos und auch Kyros II. gewährt hatten, Milet, war Auslöserin dieses Konfliktes zwischen Persern und kleinasiatischen Griechen.

Die beiden Tyrannen Histiaios und Aristagoras machten Milet zur Führerin des Ionischen Aufstandes (499–494 v. Chr.). In dessen Verlauf konnten die griechischstämmigen Aufständischen sogar zeitweilige Erfolge vermelden wie etwa 498 v. Chr. die Eroberung von Sardeis. Diese waren aber nicht von langer Dauer, denn am Ende, 494 v. Chr., wurde Milet vollständig von den Persern zerstört und die Bewohner in die Sklaverei geführt.

Der Fehler der Achaimeniden, des persischen Herrschergeschlechtes, sich nun gegen das griechische Mutterland zu wenden, wo einige Städte den Aufstand unterstützt hatten, brachte den Griechen Kleinasiens nach langen, wechselvollen Schlachten und Kriegszügen im Mutterland (490 v. Chr. Marathon, 480 v. Chr. Thermopylai und Salamis) mit den griechischen Siegen in Plataiai und Mykale (479 v. Chr.) weitgehende Befreiung von der persischen Oberhoheit. Die Perser wurden aus Ionien vertrieben, und die Städte des ionischen Koinon konnten mit Hilfe der Athener wieder gegen die Perser kämpfen. Die in den Jahren 478/7 v. Chr. geschlossene Symmachie (Kampfgemeinschaft) zwischen Athen, den Ägäisinseln sowie einzelnen ionischen und aiolischen Städten – der sogenannte Attisch-Delische Seebund – bildete für die nächsten 100 Jahre, wenn auch mit vielen Veränderungen, das Fundament der griechischen Geschichte Kleinasiens. Dieser Seebund war als eine Art Schutz- und Trutzbünd-

nis gegen die immer noch auch für das griechische Mutterland
latente persische Gefahr gedacht. Zunächst aber gilt es, die persische Geschichte in Kleinasien während der nächsten 150 Jahre
weiterzuverfolgen.

Die Perser waren zwar aus Griechenland, von den Inseln und
aus den meisten Städten der Küstenregion Kleinasiens vertrieben, aber der größte Teil Kleinasiens stand immer noch unter
persischer Oberhoheit. Im Westen waren immer noch der Satrap von Sardeis und der Satrap von Daskyleion die mächtigsten Perser, die zwar nun diplomatischer mit den Griechenstädten an der Küste verkehrten als zuvor, indem sie den meisten
Städten nicht in ihre innere Autonomie hineinredeten; doch in
fast allen Städten saßen auch weiterhin persische Funktionäre
oder Lobbyisten, die die Verbindung zum Satrapen aufrecht-
erhielten. Schon dadurch wird deutlich, daß die achaimenidischen Herrscher nie den Anspruch auf die Oberhoheit in ganz
Kleinasien aufgegeben haben.

Das gilt in besonderem Maße für das Innere Kleinasiens.
Allerdings wurde die Machtausübung im 5. und 4. Jh. v. Chr.
auch hier für die Perser immer schwieriger. Das lag vor allem
daran, daß es eine große Zahl an Stämmen, Kleinfürsten und
einheimischen Dynasten gab, die zu beherrschen die administrativen Möglichkeiten der persischen Reichsverwaltung und
auch der einzelnen Satrapen überstieg. Dies gilt beispielsweise
für die in Kilikien herrschende Dynastie des Syennesis, die zwar
von ihrer Residenz Tarsos aus die Perser bei allen Kriegszügen
unterstützt hatte, aber wohl nach der Unterstützung des Thron-
prätendenten Kyros bei seinem Zug gegen den Perserkönig Artaxerxes II. (401 v. Chr.) entmachtet wurde. Kilikien wurde daraufhin vermutlich als eigene Satrapie verwaltet.

Auch die Dynastie der Hekatomniden in Karien war ursprünglich gewiß ein selbständiges Fürstengeschlecht, dessen
Residenz wohl anfänglich Mylasa war, die aber später nach Halikarnassos verlegt wurde. Als erster wurde der Dynast Heka-
tomnos von Artaxerxes II. zum Satrapen von Karien bestellt.
Sein Sohn Maussollos war in der Zeit von 377 bis 353 v. Chr.
karischer Satrap und betrieb eine eher eigenständige denn an

persischen Interessen orientierte Machtpolitik. Er konnte sich bereits zu seinen Lebzeiten den Bau eines gewaltigen Grabdenkmals leisten, des Maussolleions, das allerdings erst unter Alexander dem Großen fertiggestellt und schon in der Antike zu den sieben Weltwundern gezählt wurde; von diesem Bauwerk leitet sich unser Begriff «Mausoleum» ab.

So gab es noch eine ganze Reihe von örtlichen Dynasten – vor allem auch in Lykien, wo später Perikles von Limyra besondere Berühmtheit erlangte –, Priesterstaaten und Stammesfürstentümern, die zwar innere Autonomie genossen, aber nur unter persischer Oberaufsicht bestehen konnten.

Neben der hellespontischen Satrapie mit der Residenz Daskyleion, der sardischen, der karischen und der kilikischen wurden noch weitere Satrapien gebildet – so die großphrygische mit Sitz in Kelainai und die kappadokische, die im 4. Jh. v. Chr. zeitweilig zweigeteilt war. Über die Zustände und Entwicklung dieser einzelnen Satrapien, Dynastien, Fürstentümer und Stämme wissen wir verhältnismäßig wenig. Zeitgenössische achaimenidische oder gar kleinasiatische Quellen, die darüber Auskunft geben könnten, besitzen wir nicht. Einzig griechische Historiker in der Nachfolge Herodots, also Thukydides und Xenophon, berichten über die inneren Zustände der Satrapien und der nichtgriechischen, unter persischer Oberhoheit stehenden Regionen Kleinasiens. Nur wenn es um Auseinandersetzungen geht, die die Griechen betreffen, erhalten wir einen etwas genaueren Einblick in die Verhältnisse und Entwicklungen. Hätten wir nicht den athenischen Sokrates-Schüler Xenophon (430–355 v. Chr.), der vor allem in den «Hellenika», seiner griechischen Geschichte, die Darstellung des Thukydides fortsetzt und im Zuge dessen einige Angaben zu den Verhältnissen in Kleinasien macht, wäre es um unsere Kenntnis der dortigen Geschichte am Ende des 5. und beginnenden 4. Jh. v. Chr. schlecht bestellt. Für die Geschichte des achaimenidischen Kleinasien dieser Zeit ist jedoch seine Schrift «Anabasis» – der «Zug der Zehntausend», an dem Xenophon selbst teilgenommen hat – von herausragendem Aussagewert. Xenophon beschreibt darin die bereits erwähnte Auflehnung des kleinasiatischen Vizekönigs Kyros des Jüngeren gegen seinen Bruder Artaxerxes II.

Im Jahre 404 v. Chr. hatte Artaxerxes II. in Susa die Nachfolge seines Vaters Dareios II. als Großkönig angetreten. Sein jüngerer Bruder Kyros hatte schon seit 408 v. Chr. das Vizekönigtum in Kleinasien inne. Er war mächtig, denn ihm unterstanden die Satrapien Lydien, Kappadokien und Großphrygien; dennoch wurde ihm sein älterer Bruder bei der Wahl zum Großkönig vorgezogen. Kyros nutzte nun einen Streit um die Vormacht über die kleinasiatischen Griechenstädte mit Tissaphernes – dem einst mächtigen Satrapen von Sardeis, dessen Macht aber durch die Einsetzung des Vizekönigs auf Karien beschränkt war – um aufzurüsten und Tausende von Söldnern anzuwerben – insgesamt sollen es 13 000 gewesen sein. In einem Geheimabkommen sicherte sich Kyros sogar die Hilfe der Spartaner, die ihm ein Heer und eine Flotte nach Kilikien schickten; der einheimische Dynast Syennesis hatte dem Manöver zugestimmt. Das ganze Unternehmen sollte nun wie eine Strafaktion gegen aufständische Pisidier aussehen. Doch Kyros zog sogleich über Syrien nach Babylonien. Dort hatte allerdings Artaxerxes II., durch Tissaphernes gewarnt, ein Heer zusammengezogen. 401 v. Chr. kam es nördlich von Babylon bei Kunaxa zur Schlacht. Die griechischen Söldner waren den Soldaten des Artaxerxes hoch überlegen, als jedoch Kyros schon siegesgewiß im Wirrwarr der Schlacht umkam, hatte der Kampf seinen Sinn verloren und die Söldner zogen sich zurück. In einem langen Zug wandten sich die Reste der ‹Zehntausend› unter Führung des Xenophon nach Norden zur Schwarzmeerküste. Dort in Pontos und Bithynien wollte Xenophon sie in neu zu gründenden Kolonien ansiedeln, was aber am Widerstand des Pharnabazos, des Satrapen von Daskyleion scheiterte.

Dieses eher in einem Familienkonflikt begründete Aufbegehren des Kyros gegen seinen Bruder ist nur ein Beispiel für die innere Zerrissenheit, die unter den persischen Satrapen und Machthabern in Kleinasien herrschte. Bei den Konflikten ging es freilich nur selten um Auflehnung gegen den fernen Großkönig. Tissaphernes, der alte Gegner des Kyros, der diesen verraten und den Großkönig bei Kunaxa auch militärisch unterstützt hatte, erhielt als Dank für seine Hilfe zwar eine Tochter des Artaxerxes zur Frau; doch da Tissaphernes sich im Kampf gegen die Griechen erfolglos zeigte und bei Hofe gegen ihn intrigiert wurde, ließ Artaxerxes seinen Schwiegersohn 395 v. Chr. in Kelainai hinrichten – ein eklatantes Beispiel für die herrschafts- und machtpolitischen Wirren, die die kleinasiatische Geschichte in klassischer Zeit prägten.

In der Folgezeit, besonders zwischen 370 und 350 v. Chr., kam es häufiger zu Auflehnungen kleinasiatischer Satrapen gegen den Großkönig. Diese waren zu einem großen Teil sicher in einem persönlichen Machtstreben einzelner Satrapen begründet, zum anderen aber auch eine Folge der Schwächung der persischen Zentralmacht unter Artaxerxes II., die ja bereits sein jüngerer Bruder Kyros auszunutzen versucht hatte. Der Großkönig mußte sich nämlich gleichzeitig mit dem ägyptischen Pharao, den Spartanern, den griechischen Städten an der Westküste Kleinasiens, der Allianz der beiden letzteren, den Satrapen und den Generälen der Küstensatrapien auseinandersetzen, die ‹gemeinsame Sache› machten, wie der sizilische Geschichtsschreiber Diodor (15, 90 ff.) überliefert. Berühmt wurde dabei besonders der kappadokische Satrap Datames, den Cornelius Nepos, der römische Historiker des 1. Jh. v. Chr., unter die illustren Männer in seine Biographien aufgenommen hat. Datames scheint demzufolge ein hervorragender Feldherr gewesen zu sein, der seine eigene Macht durch die Hinzugewinnung von Paphlagonien und Kataonien zu seiner Satrapie Kappadokien mehrte, der aber als getreuer Satrap auch das Heer des Großkönigs gegen Ägypten führte. Durch Neid, Verleumdungen und falsche Freunde verblendet, erhob er sich jedoch gegen Artaxerxes II., der ihn schließlich 361 v. Chr. durch einen der falschen Freunde ermorden ließ, wie Cornelius Nepos berichtet.

Leben und Politik des Datames wiesen Züge auf, die auch für andere Satrapenherrschaften am Ende des 5. und während der ersten Hälfte des 4. Jh. v. Chr. typisch zu sein scheinen, wie Diodor uns berichtet, der solche Satrapenaufstände, wie er sie nennt, leider allerdings nur sehr flüchtig für Kleinasien beschreibt.

Häufig werden diese Auseinandersetzungen auch im Zusammenhang mit den griechischen Städten vor allem der Westküste Kleinasiens gestanden haben und müssen somit als Teil der griechischen Geschichte Kleinasiens gesehen werden, die trotz der ursprünglichen Abwehrfunktion des Attisch-Delischen Seebundes von 477 v. Chr., der – allerdings mit anderer Stoßrichtung – im 4. Jh. v. Chr. (Zweiter attischer Seebund 378 v. Chr.) erneuert wurde, weiterhin stark durch die persische Politik geprägt blieb.

Der Erste Seebund brachte den griechischen Städten Kleinasiens keine Ruhe. Denn obwohl diese quantitativ gemeinsam mit den ionischen, der Küste vorgelagerten Inseln das Bündnis beherrschten, beanspruchte und erhielt Athen bis zur Auflösung des Bündnisses die Vormachtstellung. Auf dem Höhepunkt der Machtvollkommenheit konnte Athen sogar durchsetzen, daß die Bundeskasse, die bislang auf der Insel Delos deponiert war, nach Athen überführt wurde.

Die Bündnisverpflichtungen, die ja nicht nur Geldzahlungen, sondern auch eine eidliche Verpflichtung zu wechselseitiger Treue umfaßten, ließen in der Folgezeit die kleinasiatischen Griechen zunehmend zwischen die Fronten geraten. Auf der einen Seite sahen sie sich immer wieder mit der persischen Macht konfrontiert, zum andern wurden sie nun in die innergriechischen Auseinandersetzungen zwischen Athen und Sparta immer tiefer hineingezogen. Darüber hinaus scheinen alle Griechen das Bündnis nicht nur als ein Defensivbündnis im Verteidigungsfall aufgefaßt zu haben. Es war vielmehr so, daß man mit Hilfe der Bündnispartner zu einem Gegenschlag gegen Persien ausholen wollte. Dieser erfolgte, nachdem in Athen der Sieger der Seeschlacht von Salamis, Themistokles, im Jahre 470 v. Chr. durch Ostrakismos (das sprichwörtlich gewordene Scherbengericht) verbannt worden war. Themistokles, der einem politischen Ränkespiel zum Opfer gefallen war, ging erst nach Argos, dann aber nach Ionien in die Verbannung, wo er sich in Magnesia am Mäander niederließ und dort als persischer Vasall um 459 v. Chr. starb, ohne Athen je wieder gesehen zu haben. Sein Nachfolger in Athen, Kimon, besiegte das persische Heer und die Flotte an der Südküste Kleinasiens bei Aspendos an der Mündung des Eurymedon (466 v. Chr.). Damit war vor allem ein neuerliches Übergreifen Persiens auf das griechische Mutterland zunächst einmal verhindert. Gleichzeitig wurden aber viele lykische und karische Städte durch Athen in den Attisch-Delischen Seebund gezwungen.

Die in der Folge offen zutage tretenden Spannungen um die Vormachtstellung in Griechenland zwischen Athen und Sparta verhinderten eine endgültige Entscheidung zwischen dem See-bund und den Persern. Erst als 450 v. Chr. der zwischenzeitlich aus Athen verbannte Kimon den Kampf gegen die Perser wie-der aufnahm, schien Kleinasien dauerhaft von der Perserherr-schaft befreit werden zu können. 449 v. Chr. siegten die Athe-ner entscheidend beim zyprischen Salamis über die Flotte der Perser – ein Sieg, den der kurz vor der Schlacht verstorbene Ki-mon nicht mehr erlebte. Der Athener Perikles sandte nach dem Sieg den reichen Athener Kallias nach Susa zum persischen Großkönig, und es kam 448 v. Chr. nach schwierigen Verhand-lungen zum sogenannten Kalliasfrieden, der für Kleinasien fol-gende Bestimmungen vorsah: Im Norden durfte die persische Flotte nicht vom Schwarzen Meer in den Bosporus einfahren, im Süden war die Demarkationslinie für die Flotte das lykische Phaselis. Darüber hinaus sollte die kleinasiatische Küste von der Wasserlinie aus gesehen auf einer Strecke von drei Tages-märschen entmilitarisierte Zone sein. Da der persische Groß-könig allerdings darauf bestand, daß die Bewohner Kleinasiens weiterhin seine Untertanen seien und Athen dem zustimmte, änderte sich an den Herrschaftsverhältnissen in Kleinasien we-nig, wenn auch eine militärische Auseinandersetzung vorerst unwahrscheinlicher wurde. Als jedoch im Jahre 412 v. Chr. im Peloponnesischen Krieg (431–404 v. Chr.), der schließlich zwi-schen dem Seebund unter Führung Athens auf der einen und Sparta mit seinen Bundesgenossen auf der anderen Seite unver-meidbar geworden war, der persische Großkönig den Sparta-nern gegen Athen mit Geldmitteln unter die Arme griff, erlaub-ten die Spartaner ihm wieder den direkten Zugriff auf die ioni-schen Städte.

Nicht zuletzt dies war der Anlaß für den persischen Großkönig Dareios II., nun durch seine Satrapen, Tissaphernes von
Lydien und Pharnabazos von Phrygien, die lange nicht mehr ge-
zahlten Tribute von den griechischen Städten eintreiben zu lassen. Damit begann eine schlimme Zeit für die kleinasiatischen
Griechen, die auch nicht besser wurde, als im Nordwesten
Kleinasiens, in der Propontis, der Athener Stratege Alkibiades
die Spartaner 410 v. Chr. bei Kyzikos besiegte und dann den
phrygischen Satrapen für sich gewinnen konnte. Als schließlich
der Spartaner Lysander 405 v. Chr. bei Aigospotamoi am Hellespont die athenische Flotte neuerlich besiegte, brach die athenische Herrschaft nicht nur in Kleinasien fast vollständig zusammen. Sparta übernahm die Führung in allen Belangen griechischer Politik; dazu gehörte auch der Schutz der griechischen
Städte in Kleinasien gegen die Perser, denen diese ja noch immer
ausgeliefert waren. So nahm ab 400 v. Chr. Sparta unter Führung des Agesilaos in Kleinasien den Kampf gegen die Perser
auf. In viele kleinasiatische Städte und auf die ionischen Inseln
wurden spartanische Besatzungen gelegt, doch die Harmosten,
die militärischen Befehlshaber der Städte, waren ungeliebte
Herren. Daher ist es nicht verwunderlich, daß diese Besatzungen, als 394 v. Chr. die persische Flotte die spartanische bei Knidos besiegte und damit die Seeherrschaft der Spartaner been-
dete, wieder vertrieben wurden.

Da der von seinen Landsleuten verbannte Athener Konon die
Schiffe der Perser befehligt hatte und nun als der große Sieger
über den Erzfeind Sparta in dieser Seeschlacht galt, wurde er in
Athen als Abgesandter und wie ein Stellvertreter des Großkönigs in Ehren wieder aufgenommen. Die neue Allianz zwischen Athen und den Persern führte zu großen Geldzuwendun-
gen der Perser an die Athener und zu neuen Bündnissen der
Athener mit kleinasiatischen Städten wie etwa Knidos.

Andererseits wollte nun auch Sparta den Kriegszustand mit
den Persern beenden und sandte zur Aufnahme von Verhand-
lungen den Antalkidas nach Sardeis zum Satrapen Tiribazos.
An dem dort einberufenen Friedenskongreß nahmen auch die
Athener teil; sie widersetzten sich aber dem spartanischen Vor-

schlag, die kleinasiatischen Griechenstädte gänzlich in die Hände des persischen Großkönigs zu geben. Es kam zu keinem Frieden; die Perser sahen weiterhin in Sparta den größten Feind. Der Großkönig organisierte nun die Satrapien in Kleinasien um, entmachtete zuerst Tiribazos, duldete aber später seine Rückkehr nach Sardeis. Die Spartaner sandten erneut den Antalkidas nach Sardeis und dann mit Tiribazos nach Susa, um einen Frieden auszuhandeln. Das Ergebnis war ein Friedensdiktat des Großkönigs, das den Abgesandten der griechischen Städte durch Tiribazos im Jahre 387 v. Chr. in Sardeis mitgeteilt wurde und das uns bei Xenophon in den Hellenika (5,1,31) überliefert ist: «*Artaxerxes, der Großkönig, hält es für gerecht, daß die Städte Asiens ihm gehören, von den Inseln aber Klazomenai und Zypern, ferner, daß die anderen Griechenstädte, kleine wie große, autonom sein sollen außer Lemnos, Imbros und Skyros, die wie in alten Zeiten den Athenern gehören sollen*» (Xenophon, Hellenika, Griechisch – deutsch, hrsg. v. Gisela Straßburger, München 1970). Damit schien das Schicksal der Griechen in Kleinasien dauerhaft besiegelt zu sein, denn die seit den Perserkriegen am Beginn des 5. Jh. v. Chr. andauernden Auseinandersetzungen um die Griechen in Kleinasien waren zugunsten der Perser verlaufen. Die Bestimmungen des persischen Diktatfriedens hatten tatsächlich im wesentlichen bis zur Gründung des Korinthischen Bundes im Jahre 338/7 v. Chr. und bis zum Eingreifen Alexanders des Großen Bestand.

Leider besitzen wir über die Geschichte jener fünfzig Jahre zwischen dem Königsfrieden – der diesen Namen erhielt, weil der persische Großkönig die Friedensbedingungen im Konflikt seiner einstigen Gegner diktieren konnte – und der Landung Alexanders des Großen in Abydos im Jahre 334 v. Chr. nur sehr wenige aussagekräftige Quellen zu den Verhältnissen in Kleinasien. Einzig Xenophon gibt uns einige Hinweise. Allerdings betreffen seine Angaben vor allem die Unruhen unter den Satrapen Kleinasiens. Die Verhältnisse in den griechischen Städten können wir kaum beurteilen und wissen daher auch nicht, wie sehr diese den Pressionen seitens der Satrapen ausgesetzt waren. Wir hören jedenfalls von keinem Hilferuf einer kleinasiatischen

Stadt in Richtung griechisches Mutterland, was immerhin darauf schließen läßt, daß es auch keine kriegsbegründenden Probleme gegeben hat.

Derartige Probleme traten erst mit dem Aufstieg der neuen Großmacht im griechischen Norden auf, mit Makedonien unter Philipp II. (382–336 v. Chr.). Dieser hatte großes Interesse an der Ausdehnung seiner Herrschaft über Thrakien hinaus in Richtung Kleinasien. Im Jahre 338 v. Chr. waren es dann zwei Ereignisse, die Kleinasien erneut in den West-Ost-Konflikt hineinzogen. Zum einen war es der Tod des persischen Großkönigs Artaxerxes III., dem ein schwacher Herrscher, Dareios III., 336 v. Chr. auf den Thron folgte. Zum anderen war es die Gründung des schon erwähnten Korinthischen Bundes. Auch diese erfolgte im Jahre 338 v. Chr., nachdem die Makedonen eine gemeingriechische Allianz in deren Abwehrkampf bei Chaironeia besiegt, damit zugleich die außenpolitische Unabhängigkeit der einst mächtigen Stadtstaaten weitgehend beseitigt und daraufhin einen allgemeinen Frieden verkündet hatten. Philipp II. hatte zwar keinen Sitz in diesem Bund, wurde aber dessen Hegemon (militärischer Führer). Bereits 337 v. Chr. brachte Philipp im Bund den Antrag ein, mit der Führung des Kampfes gegen die Perser beauftragt zu werden. Als Grund für den Krieg wurde – wohl auch auf Betreiben Philipps – angegeben, man solle Rache üben für die fast anderthalb Jahrhunderte zurückliegende Zerstörung griechischer Heiligtümer durch die Perser.

Der Beschluß wurde gefaßt, und damit waren für Kleinasien zwei Ziele gesteckt: Vertreibung der Satrapen und Befreiung der griechischen Städte von persischer Vorherrschaft. Philipp ließ dem Beschluß sogleich die Tat folgen, und ein makedonisches Heer überschritt im Frühjahr 336 v. Chr. den Hellespont. Wäre Philipp nicht im selben Jahr – wohl unter Beteiligung seines Sohnes und Nachfolgers Alexander – ermordet worden, hätte die Geschichte möglicherweise einen anderen Verlauf genommen. So aber wurde der Krieg für fast 2 Jahre aufgeschoben, bis Alexander der Große als Nachfolger Philipps in allen Funktionen auch das Erbe des Rachefeldzuges antrat.

Die Zeit des Hellenismus in Kleinasien

Alexander der Große

Auch für Alexander bestand das erste Ziel seines Asienfeldzuges darin, gemäß seinem Auftrag als Hegemon des Korinthischen Bundes die Griechenstädte in Kleinasien von persischer Herrschaft zu befreien. Das machte er allen Kleinasiaten sofort bei seinem Übergang über den Hellespont im Frühjahr des Jahres 334 v. Chr. klar. Alexander handelte wie ein homerischer Held beim Kampf um Troia; denn in Elaius brachte er dem mythischen Helden Protesilaos an dessen Grabmal ein Opfer dar, da dieser – so der Mythos – unter denen, die einst mit Agamemnon gen Ilion gezogen waren, der erste war, der kleinasiatischen Boden betrat. Eine solche Reminiszenz wiederholte sich wenig später, als Alexander beim Besuch in Ilion das Grab des Achilleus bekränzen ließ und der Athena Ilias opferte.

Der glänzende Sieg Alexanders gegen ein eilig zusammengestelltes Koalitionsheer der einzelnen persischen Satrapien am Granikos unter Führung des Satrapen von Daskyleion veranlaßte ihn zudem sofort, den Athenern 300 erbeutete persische Rüstungen als Weihegaben für die Göttin Athena zu schicken. Das sollte ihn als Feldherrn des griechischen Bundes auszeichnen. Auf der anderen Seite betraute er aber den Makedonen Kalas mit der Herrschaft über die soeben eroberte Satrapie von Daskyleion und ernannte ihn – unter Beibehaltung dieser Herrschaftsform – zum Satrapen. So wurde gleich im ersten Jahr seines Eroberungszuges und der Neuorganisation der kleinasiatischen Verhältnisse sehr deutlich, daß Alexander an der Nutzung der vorgefundenen und wohl auch bewährten Verwaltung gelegen war.

Das bestätigt sich ferner in Sardeis. Da Alexander nach der Schlacht am Granikos der Ruf des Siegers vorauseilte, kam ihm, so berichtet uns Arrian (2. Jh. n. Chr.) in seiner Geschichte des

Alexanderzuges (I 17), schon 70 Stadien vor der Stadt der Kommandant von Sardeis, Mithrenes, mit allen oberen städtischen Beamten entgegen und überließ ihm formell die Stadt. Mithrenes übergab ihm zudem die Burg mit allem dort lagernden Gold. Sicherlich nicht nur aus diesem Grund hielt Alexander fortan Mithrenes in hohen Ehren. Arrian berichtet weiter, daß Alexander der Bevölkerung von Sardeis und allen anderen Lydern gestattete, nach ihren althergebrachten Gesetzen zu leben. Außerdem gab er ihnen die volle innenpolitische Freiheit. Es mag dies Ausdruck des Respektes vor den alten Traditionen, politische Klugheit oder auch nur Sensibilität gewesen sein, die ihn veranlaßte, das Richtige zu tun. Schon im ersten Jahr seines Feldzuges jedenfalls zeigte sich, daß Alexander das Griechische betonte, das Persische erhielt und das Lydische ehrte und wieder einführte.

Die wichtigste selbstgestellte Aufgabe Alexanders des Großen aber blieb zweifellos die Befreiung der griechischen Städte von persischer Herrschaft. Dabei spielten die Einnahme von Milet und Ephesos eine besondere Rolle, die neben vielen anderen griechischen Städten an der Ägäisküste von ihm erobert wurden. In allen Gemeinden trat er als Befreier und als Förderer der Demokratie auf. Doch was besagt das schon? Die Städte wurden zwar von der persischen Besatzung und Herrschaft befreit, d. h. sie mußten nun keine Tribute mehr zahlen, doch wir hören aus den Quellen nichts darüber, daß nun etwa die neue Freiheit dazu geführt hätte, daß die Städte in den Korinthischen Bund aufgenommen worden wären. Das scheint nicht der Fall gewesen zu sein. Also waren die von den Städten nun zu entrichtenden Abgaben für den neuen Herrn bestimmt, für Alexander. Darüber waren gewiß einige griechische Städte nicht besonders glücklich. So auch Milet, das dem Makedonen lange Zeit entschiedenen Widerstand entgegengesetzt hatte, letztlich aber nachgeben und der Übermacht Alexanders Tribut zollen mußte. Auch die Ephesier waren wohl nicht angetan von der Lösung, die Alexander fand, als er die Tribute, die die Ephesier bisher den Persern zahlen mußten, nun in eine Abgabe für die Göttin Artemis umwandelte, deren Heiligtum angeblich in der Nacht seiner Geburt abgebrannt war. Man hatte doch eher umgekehrt auf einen Betrag aus den Kassen ihres Befreiers Alexander gehofft.

Eine besondere Rolle spielte auch die Eroberung der Residenz der Hekatomniden, Halikarnassos. Als Nachfolger des Maussollos herrschte hier als einheimischer Fürst und als persischer Satrap Orontopates, der ebenfalls den Soldaten Alexanders nicht nachgeben wollte, ihnen auch große Verluste beibrachte, ihren Sieg aber dennoch nicht verhindern konnte. Der makedonische König führte auch dort einheimische karische Traditionen fort, indem er die Schwester des Orontopates, Ada, als neue Fürstin einsetzte. Er ließ sich allerdings von ihr adoptieren, um in die Dynastie aufgenommen zu werden und später dadurch von ihr die Herrschaft übernehmen zu können. Davon hören wir allerdings weiter nichts, nachdem Ada wohl 326 v. Chr. verstorben ist.

In der Folge fielen die pisidischen, lykischen und pamphylischen Städte nach teilweise schweren Kämpfen in die Hände Alexanders. Daß jener dann ausgerechnet mit Einbruch des Winters 334/3 v. Chr. seinen Soldaten nach den schweren und verlustreichen Kämpfen keine Ruhepause im Winterlager an der milden Südküste gönnte, sondern sie in das eher unwirtliche anatolische Hochland führte, mag verwundern. Doch es galt, die wichtige Satrapenresidenz Kelainai in Phrygien zu erobern, und ferner scheint es, als habe Alexander die Notwendigkeit gesehen, auch das an wichtigen Ost-West-Verbindungen gelegene Gordion, die alte phrygische Hauptstadt und Residenz des sagenhaften Königs Midas, zu erobern. Dort erst sollte das Heer Winterquartier beziehen und Zeuge der Bestätigung Alexanders als Herrscher über Kleinasien werden.

Anlaß dazu bot ein in Gordion beheimateter Mythos: Dieser betraf einen Wagen, der dem sagenhaften Gordios, dem ersten König der Phryger und Vater des Midas, zur Herrschaft über die Phryger verholfen haben soll. Diesen Wagen ließ einst Midas auf den Burgberg ziehen und weihte ihn dem Zeus Basileus, wie es bei Arrian heißt (II 3,6). Dazu erzählte man sich in Gordion den Orakelspruch, daß derjenige, der den Knoten am Joch der Deichsel zu lösen vermöge, Herrscher über Asien sein werde. Dieses wollte nun Alexander seinem Heere zeigen, indem er den

Pflock, der die Deichsel des Wagens mit dem Joch verband und den Knoten zusammenhielt, herauszog. Eine andere Version des Vorganges besagt, daß er den Knoten mit dem Schwert durchschlug und so den Spruch des Orakels erfüllt habe. Welche der Versionen die richtige ist, sei dahingestellt; entscheidend ist, daß durch die Überlieferung der Szene in verschiedenen Versionen angedeutet wird, wie wichtig dem König diese symbolische Handlung war – und zwar wichtig in zweierlei Hinsicht: Zum einen wollte Alexander hier den Anspruch auf die Übernahme der Herrschaft in ganz Kleinasien öffentlich unter Beweis stellen. Zwar steht bei Arrian, daß der Orakelspruch sich auf die Herrschaft über *ganz Asien* bezogen habe, aber der makedonische König hat zu dem Zeitpunkt sicher noch nicht soweit gedacht, sondern durch den symbolischen Akt seine Herrschaft über *Kleinasien* zum Ausdruck bringen wollen. Zum anderen stellte sich Alexander damit explizit in die Tradition phrygischer Herrschaft, denn der Orakelspruch galt natürlich dem Midas und der Herrschaft der Phryger in Kleinasien.

Von Gordion aus zog Alexander mit seinen Truppen über Ancyra (Ankara) nach Kappadokien, wo er, ohne auf nennenswerten Widerstand zu stoßen, den einheimischen Sabiktas als Satrapen einsetzte, der sich vermutlich aber nicht loyal verhielt, denn Arrian (III 8,5) berichtet uns für das Jahr 331 v. Chr., daß in der Schlacht von Gaugamela kappadokische Hilfstruppen dem Gegner Alexanders, nämlich dem persischen Großkönig, zur Verfügung standen.

Durch die kilikische Pforte, in der man die Spuren des Weges, den Alexander genommen hat, noch heute sehen kann, zog der Makedonenkönig zurück an die Küste, da er erwartete, dort Dareios III. zur Entscheidungsschlacht zu treffen. Es kam zwar im Sommer 333 v. Chr. bei Issos zur Schlacht gegen den persischen Großkönig, doch da Dareios III. floh, konnte Alexander noch nicht dessen Nachfolge antreten bzw. seinen Auftrag als Hegemon noch nicht als erfüllt ansehen; so mußte der Rachefeldzug des Korinthischen Bundes noch weitergeführt werden. Alexander wandte sich nach Süden und zog über Syrien nach Ägypten; Kleinasien sollte er bis zu seinem Tode in Babylon im

Juli 323 v. Chr. nicht wiedersehen. Was hatte er für dieses Land erreicht?

Auf dem Wege nach Ägypten mußte Alexander sieben lange Monate die Stadt Sidon belagern, ehe er sie einnehmen konnte. Während dieser Zeit entstand der berühmte Briefwechsel zwischen Dareios III. und Alexander. Darin bot der persische Großkönig eine Teilung des Reiches an, die Alexander in den Besitz aller Gebiete westlich des Euphrat bringen sollte. Aber der Makedonenkönig lehnte ab und machte damit dem Perser deutlich, daß es ihm um weit mehr ging als nur um Kleinasien. Dort war er schon unangefochtener Eroberer und Herrscher. Zwar hatte er auf seinem Zug durch Kleinasien nicht die nördlichen Regionen an der Schwarzmeerküste, nicht das nördliche Kappadokien, das Pontosgebiet und auch Armenien nicht erobert, doch auch dort fand die Perserherrschaft mit den Siegen des Makedonen de facto ein Ende. Alle anderen Regionen hatte er unterworfen.

Damit war freilich keine einheitliche und funktionierende neue Administration geschaffen worden. Alexander hatte Freiheit, Autonomie und Demokratie in den griechischen Städten wiederhergestellt – sieht man von der Unterordnung unter sein eigenes Regime ab –, er hatte die persischen Satrapien als Verwaltungseinheiten bestehen lassen und war selbst zum Oberherren über die Satrapen geworden. Auch hatte er mit der Adoption durch Ada die Attitüden eines karischen Dynasten angenommen, hatte traditionelle Elemente wiederbelebt, indem er den Lydern erlaubte, nach ihren alten Gesetzen zu leben; und schließlich war er in Gordion in die Fußstapfen der phrygischen Herrscher getreten. So hatte er die traditionelle Vielfalt der Herrschaft und der Herrschaftsformen in Kleinasien neu belebt und deutlich gemacht, daß er, Alexander, König der Makedonen und Hegemon des Korinthischen Bundes, nun über all dies herrschte.

Was bedeutet der weitere Eroberungszug Alexanders, in dessen Verlauf er 331 v. Chr. den persischen Großkönig Dareios III. endgültig besiegte und dessen Nachfolger wurde, bis nach Indien hin, der hier freilich nicht Gegenstand der Betrachtung sein soll, für Kleinasien? Kurz gesagt: Er hat Kleinasien zum geographischen Mittelpunkt des Hellenismus gemacht. Das gilt so-

wohl in politischer als auch in kultureller Hinsicht. Im Falle
einer Befreiung der Griechen, die auf die Gebiete westlich des
Euphrat beschränkt geblieben wäre – also das Ergebnis, das
Dareios in seinem Angebot einer geteilten Herrschaft vor-
schwebte –, hätte sich Kleinasien am östlichen Rand der hellenistischen Welt wiedergefunden. Zum Zeitpunkt des Todes Alexanders im Juli 323 v. Chr. aber war der Indus die östliche
Grenze, und Kleinasien war die Mitte des Reiches. Wie sich das
auf die Kulturgeschichte ausgewirkt hat, werden wir noch verfolgen können. In der Politik der Alexander nachfolgenden Diadochen wurde diese Mittelstellung sehr schnell deutlich.

Die Diadochen

Als Alexander im Jahre 323 v. Chr. in Babylon starb, hatte er ein
Riesenreich erobert, hatte zahllose Völker unterworfen, aber
noch nicht geeint, hatte die verschiedensten Traditionen, Kulturen und religiösen Vorstellungen kennengelernt, aber noch nicht
in ein harmonisches Verhältnis zueinander gebracht, hatte die
verschiedensten Staatsformen bezwungen, aber bestehen lassen
– kurzum: Sein Werk war nicht vollendet.

Die Zukunft dieses Reiches hing nun wesentlich davon ab,
wer mit welchen Mitteln seine Nachfolge antreten konnte. Dy-
nastisch hätte Arrhidaios, ein Halbbruder Alexanders, das
Szepter übernehmen können; er war jedoch debil und nicht in
der Lage, die Bürde zu tragen. Dennoch beschloß die Makedonische Heeresversammlung noch in Babylon, ihn unter dem Kö-
nigsnamen Philipp III. zusammen mit dem noch ungeborenen
Kind, das Alexander mit der Baktrierin Roxane gezeugt hatte –
falls dieses ein Junge würde, unter dem Namen Alexander IV. –
gemeinsam auf den Thron zu heben. Die wirkliche Macht teil-
ten sich aber von Beginn an die Gefährten und Generäle Alexanders. Als Großwesir wurde Perdikkas, dem Alexander auf
dem Totenbett den Siegelring der Macht übergeben haben soll,
Herr über Asien. Antipater wurde Stratege in Europa. Krateros
sollte anstelle des debilen Arrhidaios das Heer, das ja immer
noch in Asien stand, befehligen.

Für Kleinasien wurde beschlossen, daß den einheimischen und persischen Satrapen die Macht genommen werden solle. Drei neue Satrapien wurden aus den alten gebildet und Kampfgefährten Alexanders unterstellt. Antigonos Monophthalmos (der Einäugige) erhielt Pamphylien, Lykien und Großphrygien, Leonnatos das Hellespontische Phrygien, und Eumenes sollte Paphlagonien und Kappadokien, das ja nominell noch nicht zum Reich Alexanders gehörte (vgl. S. 58), erobern und verwalten.

Hinter dieser Machtverteilung stand zunächst noch die Idee, das Reich als ein Ganzes zu erhalten. Dies wurde jedoch von Anfang an von Ptolemaios, dem neuen Satrapen von Ägypten, und auch vom thrakischen Satrapen Lysimachos hintertrieben. Als dann Perdikkas im Jahre 321 v. Chr. starb und 316/5 v. Chr. auch Eumenes, die beide die eifrigsten Verfechter des Einheitsgedankens waren, blieb nur Antigonos Monophthalmos als Unitarier übrig.

In einer Neuordnung der Reichsgewalten im nordsyrischen Triparadeisos im Jahre 320 v. Chr. wurde Antipater, der Stratege in Europa war, zum neuen Reichsverweser ernannt und ihm die beiden Könige Philipp III. und Alexander IV. anvertraut. Er kehrte nach Europa zurück, und Asien, vor allem Kleinasien, war nun in der Obhut von Antigonos, der die Satrapie des inzwischen verstorbenen Leonnatos übernommen hatte und nun auch mit der Führung des Kampfes gegen die Anhänger des Perdikkas in Kleinasien – darunter auch dessen Bruder Alketas in Lykien – und gegen den inzwischen zum Staatsfeind erklärten Eumenes beauftragt worden war. Im Sommer des Jahres 319 v. Chr. hatte Antigonos im wesentlichen seine Aufgabe erfüllt, und Kleinasien war ganz in seiner militärischen Gewalt. Eumenes war nach Mesopotamien und in die Persis ausgewichen und wurde von Antigonos dort erst im Winter 316/5 v. Chr. besiegt.

Als im Jahr 319 v. Chr. Antipater in Makedonien gestorben und ein verdienstvoller, aber schwacher Polyperchon zu seinem Nachfolger bestimmt worden war, kam es zum Krieg um die Herrschaft in Makedonien, an dem sich auch Antigonos beteiligte, der aber auch seine Interessen im Osten des Reiches weiter verfolgte. So war er nach dem Sieg über Eumenes auch dort der mächtigste Mann geworden, dem selbst der Herr über die Kernsatrapie Babylonien, nämlich Seleukos, Tribut zollen mußte. Als Antigonos 314 v. Chr. auch auf Syrien übergriff, erreichte ihn ein Ultimatum der anderen Diadochen, die solch einem Machtzuwachs natürlich nicht gleichgültig gegenüberstehen konnten. Sie wollten an den erbeuteten Geldern des Antigonos teilhaben und die Satrapien neu aufteilen. Dabei sollten die kleinasiatischen Satrapien unter Kassander, der Lykien und Kappadokien erhalten sollte, und Lysimachos, der das Hellespontische Phrygien für sich beanspruchte, neu verteilt werden. Selbstverständlich beugte sich Antigonos diesem Ultimatum nicht, und ein neuerlicher Krieg mit wechselnden Koalitionen war die Folge. Im Jahr 311 v. Chr. einigte man sich auf einen Waffenstillstand, der wiederum als Sieg für Antigonos gewertet werden kann.

In die Waffenstillstandsproklamation wurde durch Antigonos die Freiheitserklärung der Griechen aufgenommen, womit nicht nur die Städte im griechischen Mutterland, sondern auch die kleinasiatischen Städte gemeint waren. Das sollte sich für ihn auszahlen. Denn als die Waffenruhe bald darauf wieder gebrochen wurde und Ptolemaios von Ägypten aus versuchte, sowohl im Süden Kleinasiens als auch auf den Ägäisinseln und in Griechenland wieder Fuß zu fassen, da versagten ihm die nunmehr freien Städte die Unterstützung, so daß er sein Vorhaben rasch wieder aufgeben mußte. Antigonos selbst setzte sich militärisch mit Seleukos auseinander, der versucht hatte, durch das Ultimatum die Satrapie Babylon zurückzuerlangen. Er konnte ihn zwar nicht besiegen, aber – vermutlich 308 v. Chr. – zu einem Stillhalteabkommen bewegen. Als der Sohn des Antigonos, Demetrios Poliorketes (der Städtebelagerer), 307 v. Chr. nach dem Kampf gegen Kassander in Athen als Sieger einzog und danach auch noch in einer Seeschlacht beim zyprischen Salamis den Ptolemaios besiegte, wähnte Antigonos sich und seine Familie auf dem Höhepunkt der Macht. Das verleitete ihn zu einem folgenschweren Schritt, dem sich bald auch die anderen Diadochen anschlossen: Er ließ sich durch die Heeresversammlung zum König ausrufen und proklamierte selbst seinen Sohn im Sommer 306

v. Chr. als König. Ptolemaios tat es ihm sofort nach, dann folgten auch Lysimachos, Seleukos und Kassander. Da Philipp III. im Jahre 317 v. Chr. ermordet worden war, ebenso wie Alexander IV. 311/10 v. Chr., gab es keinen legitimen Erben des Königtums aus dem Argeadenhaus mehr, dem Philipp II. und Alexander der Große entstammten. Da einzelne Diadochen schon von ihren Untertanen als ‹Könige› angesprochen worden waren, ist ihre Entscheidung für das Königtum nachvollziehbar. Das Reich Alexanders des Großen aber war jetzt auf 6 Könige bzw. Königtümer verteilt, die allerdings alle vorgaben, legitime Nachfolger des großen Makedonenkönigs zu sein.

Für Kleinasien bedeutete dies, daß es jetzt zum Königreich des vermeintlich mächtigsten Königs Antigonos gehörte, was es aber auch in den Mittelpunkt der Interessen aller anderen Diadochen rückte. Unmut gegen Antigonos und Demetrios führte auch schon bald erwartungsgemäß zu einer erneuten Auseinandersetzung, in der in einer Zangenbewegung Lysimachos von Westen und Seleukos von Osten das Heer des Antigonos und des Demetrios bei Ipsos in Phrygien im Frühjahr 301 v. Chr. in einer der größten Schlachten der Diadochenzeit vernichtend schlugen. Antigonos selbst fiel im Alter von 81 Jahren in der Schlacht.

Infolge dieser Auseinandersetzung wurde ganz Kleinasien bis zum Tauros Beute des Lysimachos, der damit – da er auch noch Thrakien besaß – Herr über beide Seiten der Dardanellen, der Propontis und des Bosporus wurde. Wie wichtig ihm dieser Besitz war, zeigte er dadurch, daß er auf der thrakischen Chersonnes seine neue Hauptstadt Lysimacheia gründete. Auf der anderen Seite der Dardanellen, also in Kleinasien – an der Nahtstelle zwischen Europa und Asien – gründete er die einst von Antigonos gegründete Hafenstadt Antigoneia unter dem Namen Alexandria Troas neu. Das war ein Akt der Loyalität Alexander gegenüber, wie uns die Quellen berichten, sicher aber auch ein Ausdruck seines Machtanspruches, hier in Kleinasien das Königtum Alexanders zu übernehmen und wieder neu zu beleben. Von Lysimachos hören wir ferner, daß er sich ganz besonders der griechisch-kleinasiatischen Küstenstädte angenommen habe. In einige legte er Besatzungen, so etwa in Pergamon, wo er auch sei-

nen Staatsschatz deponierte. Das ionische Koinon unterstellte er
einer Gruppe von – wie es heißt – milesischen Freunden.

Der Neid der anderen Diadochen und Zwistigkeiten in der
Familie waren es dann, die seiner Herrschaft in Kleinasien ein
Ende bereiteten: Sein Sohn Agathokles, der als Thronfolger aus-
ersehen war, wurde von seiner Frau Arsinoe, einer Tochter Ptolemaios I., der Verschwörung beschuldigt. Lysimachos ließ ihn
ermorden. Freunde und Offiziere des Agathokles flohen daraufhin mit dessen Frau Lysandra zu Seleukos. Den Seitenwechsel
vollzogen auch einige Städte an der Küste, die dadurch hofften,
von den Tributen und Forderungen, die sie für Lysimachos zu
leisten bzw. zu erfüllen hatten, befreit zu werden. Daraufhin
konnte Seleukos in Kleinasien einmarschieren und Lysimachos
in der Schlacht von Kurupedion, nördlich von Magnesia am
Sipylos, 281 v. Chr. schlagen. Lysimachos verlor dabei sein Leben, und Seleukos war nun im Besitz fast des gesamten ehemaligen Alexanderreiches mit Ausnahme von Ägypten. Er setzte zur
Sicherung der europäischen Reichsgebiete des Lysimachos nach
Europa über, fiel aber dort bald einem Mordanschlag des Ptolemaios Keraunos (der Blitz) zum Opfer. Da der ägyptische König
Ptolemaios I. schon 283 v. Chr. gestorben war, starb mit Seleukos der letzte der alten Gefährten Alexanders des Großen.

Nun begann die zweite Generation der Nachfolger, die sogenannten Epigonen, die hellenistische Staatenwelt neu zu ordnen
– eine Staatenwelt, die auf der einen Seite durch das Band des
Hellenismus geeint, aber auf der anderen Seite auch vielfältiger
geworden war, als vor dem Beginn der Eroberungen durch
Alexander den Großen: Die Ptolemäer waren zwar die Herren
Ägyptens, sie besaßen aber auch Städte vor allem an der Südküste Kleinasiens, ebenso wie sie Poleis auf den Inseln des Ne-
siotenbundes (des Inselbundes) bis in den Norden der Ägäis
hinein beherrschten. Die wichtigsten Territorien der Seleukiden
lagen in Syrien und Mesopotamien, doch kontrollierten sie zusätzlich Kleinasien. Einig waren sich die Territorialherren darin,
daß sie sich als griechisch-makedonische Herrscher verstanden.
Vielfältiger war die Welt in Kleinasien auch dadurch geworden,
daß immer mehr kleinere einheimische Fürsten wie auch Ab-

kömmlinge der Diadochenfamilien zu größeren Territorien und damit zu stärkerem politischen Einfluß und Macht gelangten. Gerade in Kleinasien kam man aber auch nicht umhin, sich der Leistungen der Perser zu besinnen und diese zu adaptieren. Man denke dabei nur an das schon zu Beginn des 3. Jh. v. Chr. sich herausbildende pontische Königreich, dessen erster König, Mithradates I., seinen Namen von dem persischen Gott Mithras herleitete. Insgesamt jedoch konnten die Städte jetzt wieder stärker auf ihre Abstammung von Griechenland hinweisen. Macht und Bedeutung einzelner Gemeinwesen stiegen wieder, so etwa jene Milets. Die Politik der Städte mußte aber bei allem Festhalten an Überkommenem auch immer stärker Rücksicht auf die wechselnden Abhängigkeiten von den verschiedenen Territorialherren nehmen.

Stadt und Herrscher im Hellenismus

Die griechischen Städte, die seit der Befreiung durch Alexander nominell autonom und frei waren, aber Treueverpflichtungen gegenüber den Territorialherren erfüllen mußten – sei es, daß sie Abgaben zu leisten oder etwa Truppenkontingente zu stellen hatten –, entwickelten besondere Formen der Beziehungen zu den jeweiligen Machthabern. Sie fanden Ausdruck in der Einrichtung eines Kultes für die jeweiligen Territorialherren, die mithin göttlicher Ehren teilhaftig wurden. Diese Form der Beziehung war freilich nicht wirklich neu. Wenn wir Plutarch (1. Jh. n. Chr.) glauben dürfen (Lysandros 18), wurde schon für den spartanischen König Lysander in kleinasiatischen Städten, besonders aber auf der Insel Samos ein Kult eingerichtet. Man habe ihm – so Plutarch – Altäre wie einem Gott aufgestellt, Opfer dargebracht und Kultlieder, sogenannte Paiane, gesungen. Außerdem seien die Spiele für die Göttin Hera in Spiele für Lysander umbenannt worden.

Es mag sein, daß die Erinnerung daran das Vorbild für die kultischen Ehrungen war, die man im Hellenismus lebenden Menschen entgegenbrachte. Ein schönes Beispiel für die übertriebenen und oft allzu schmeichlerischen Ehren, mit denen man seit dem frühesten Hellenismus die Herrscher überhäufte, bietet uns wiederum Plutarch, wenn er schildert, was die Athener zu Ehren des bereits erwähnten Demetrios und seines Vaters, des Antigonos Monophthalmos, getan haben, als jene Athen im Jahre 307 v. Chr. von der Herrschaft des Kassander befreit hatten (Plutarch, Demetrios 10): «*Sie allein betitelten sie als «Rettende Götter», schafften die altüberlieferte Würde des Archonten* (desjenigen Oberbeamten*), nach dem das Jahr benannt wurde, ab und wählten alljährlich einen «Priester der rettenden Götter», dessen Name an die Spitze der Beschlüsse und Verträge gesetzt wurde. Sie beschlossen weiter, daß sie neben den Göttern in das Heilige Festgewand* (der Athena*) eingewebt werden sollten, und den Platz, wo er* (Demetrios*) zuerst vom Wagen gestiegen war, weihten sie, stellten einen Altar auf und nannten ihn den des «niedersteigenden Demetrios». Den Stammphylen fügten sie zwei weitere hinzu, Demetrias und Antigonis ...*» Ferner wurde der Antrag gestellt, «*daß die Männer, die gemäß Beschluß von Staats wegen an Antigonos und Demetrios geschickt würden, statt Gesandte fortan Festboten heißen sollten, wie die Abgeordneten, die bei den gemeingriechischen Festen namens der Städte die althergebrachten Opfer nach Delphi und Olympia bringen*» (Plutarch. Große Griechen und Römer Bd. V, hrsg. v. Konrat Ziegler, 2. Aufl. Zürich und München 1980).

Darüber hinaus haben die Athener Demetrios – so schreibt Athenaios im 3. Jh. n. Chr. in seinem «Gelehrtenmahl» (3, 253d) – mit Weihrauch, Kränzen, Weinopfern, einer Chorprozession und Phallostänzern empfangen, die ihn in einem Paian als den einzigen wirklichen Gott besangen. Die anderen Götter aber, so sagten sie, schliefen alle oder seien fortgezogen oder gar nicht vorhanden; er sei der Sohn von Poseidon und Aphrodite, von erhabener Schönheit und göttlichem Erbarmen gegen alle Menschen. Ihm sollen sich die Menschen in Gebet und Anbetung nähern.

Nach griechischer Vorstellung, so schrieb jüngst Hans-Joachim Gehrke in seiner «Geschichte des Hellenismus», war zwar monarchische Herrschaft prinzipiell unerträglich, eines freien

Mannes eigentlich unwürdig, doch war es nicht ungewöhnlich, daß man die führende Position eines Mächtigen anerkannte – vorausgesetzt, dieser zeigte sich als Wohltäter, Beschützer oder Retter einer Stadt, wie es bei Demetrios und Antigonos Monophthalmos der Fall war.

Antigonos wurden wohl als erstem der Diadochen in Kleinasien in der troischen Stadt Skepsis Ehren wie einem Gotte angetragen. Im Jahre 311 v. Chr. hatte Antigonos der Gemeinde ein Schreiben geschickt, in dem er ihr den Friedensschluß zwischen ihm, Kassander, Lysimachos und Ptolemaios mitteilte. Er wiederholte in diesem Schreiben auch die Freiheitserklärung für die griechischen Städte. Daraufhin beschloß der Rat der Stadt, ihm einen heiligen Bezirk einzurichten sowie einen Altar und ein Kultbild (wohl ein Bild des Antigonos selbst) aufzustellen. Ferner beschlossen sie, das ihm zu Ehren schon früher mit einem Agon (Wettkampf), einem Opfer und einer Bekränzung begangene Fest wiederzubeleben und fortan alljährlich zu feiern. Dazu sollten er und seine beiden Söhne Demetrios und Philippos bekränzt werden; ferner sollte ihm ein Opfer aus Anlaß der guten Nachricht, die Antigonos in seinem Brief übermittelt hatte, dargebracht werden. All dies entnehmen wir der Inschrift, die in Skepsis gefunden wurde.

Antigonos Monophthalmos wird solch ein Schreiben an weitere Städte in seinem Machtbereich in Kleinasien geschickt haben. Es ist uns allerdings nur zufällig aus der relativ unbedeutenden Stadt Skepsis der auf das Schreiben folgende Ratsbeschluß erhalten geblieben. Jede so bedachte Stadt hat dann wohl auf ihre eigene Weise reagiert und den Antigonos kultisch verehrt. Eine Situation wie in Skepsis war sicher nicht in allen anderen Städten gegeben; der Grund für die Einführung eines solchen Kultes war aber stets ein eminent politischer, kein religiöser.

Die Ausdrucksformen der Verehrung, Dankbarkeit und Loyalität waren solche, wie man sie Göttern und Heroen gegenüber traditionell pflegte. Man band sie in das öffentliche staatliche Leben dauerhaft ein bzw. man beschloß es zumindest. Öffentliche Einrichtungen wurden nach ihnen benannt, wiederkehrende Feste wurden für sie gefeiert, Agone (Wettkämpfe) für sie ein-

gerichtet und nach ihnen bezeichnet. Das alles machte in diesem
Fall Antigonos zu einem Menschen, dem übermenschliche Ehren
zuteil wurden, es machte ihn aber nicht zu einem Gott.

Ähnliches widerfuhr auch dem Nachfolger des Antigonos
Monophthalmos in der Herrschaft über Kleinasien, Lysimachos.
Ihm wurde in Priene per Dekret des Rates der Stadt ein Kult eingerichtet. Für die Errettung der Stadt vor einem Angriff der Soldaten des verfeindeten Magnesia und anderer Truppen erkannte
ihm die Stadt ein Kultbild zu, ferner einen Altar auf dem Markt-
platz sowie jährliche Opfer an seinem Geburtstag verbunden mit
einer Festprozession. Daß diese kultische Ehrung für Lysimachos
auch praktischen Wert hatte, zeigt sich daran, daß der Ratsbeschluß dem König persönlich überbracht wurde, wobei die
Gesandtschaft ihm auch einen goldenen Kranz im Werte von
1000 Stateren (griech. Münzeinheit) übergab, wie es in einer Inschrift heißt, die an der Nordseite des Athenatempels von Priene
angebracht ist.

Eine andere Begründung gibt es für den Kult des Lysimachos
in der Stadt Ephesos. Hier hatte wohl im Jahre 294 v. Chr. der
König die Stadt, die er vielleicht als Basis für weitere Unternehmungen nutzen wollte, aus der hochwassergefährdeten Ebene
um das Artemision weg und an die Hänge des Koressos verlegt
und ihr damit ein völlig neues Gesicht gegeben bzw. sie in den
Augen der Bevölkerung wie auch der Nachwelt neu gegründet.
Er wurde also der zweite Gründer der Stadt. Wie seit Alexander
dem Großen üblich, nannte er die Stadt nach einem Mitglied seiner Familie, und zwar nach seiner Frau Arsinoe, einer ptolemä-
ischen Königstochter, und gab ihr den Namen Arsinoeia. Dafür
wurde ihm sicher, wie in anderen Städten auch, ein Gründerkult
zugebilligt, zu dem ein Kultbild und zumindest auch ein nach
ihm benannter Agon gehörte. Die rein politische Dimension
eines solchen Kultes wird übrigens daran erkennbar, daß mit
dem Tode des Lysimachos im Jahre 281 v. Chr. die Stadt ihren
neuen Namen wieder ablegte und fortan wieder Ephesos hieß.

Nicht anders dürfte es auch der bereits erwähnten, an den
Dardanellen gelegenen Stadt Alexandria Troas ergangen sein,
die, einst von Antigonos Monophthalmos gegründet, den Na-

men Antigoneia erhielt, aber nur wenige Jahre später von Lysimachos erobert, neu gegründet und zu Ehren Alexanders des Großen in Alexandria umbenannt wurde. Mit dieser Umbenennung erlosch zweifellos auch der Gründerkult des Antigonos in seiner Neugründung und der des Lysimachos begann.

Aber nicht nur den Territorialherren wurden in Kleinasien Kulte eingerichtet. Für kurze Zeit scheint auch der ägyptische Herrscher Ptolemaios I. die Oberhoheit in Milet besessen zu haben. Wir hören nämlich von einem Kult, der ihn als Wohltäter und Retter in den Jahren zwischen 294 und 288 v. Chr. feiert. Die Bewohner der Stadt erkannten ihm eine Statue im Apollonheiligtum zu und erhoben ihn damit in den Rang eines gottähnlich zu verehrenden Herrschers. Ob der Kult die Herrschaft der Seleukiden über diese Stadt in den Jahren von 281–279 v. Chr. überdauert hat, ist durchaus fraglich.

Auch dem Sohn des ersten ptolemaiischen Herrschers, Ptolemaios II. Philadelphos (der Geschwisterliebende), wurde in Byzanz 280/79 v. Chr. ein Kult eingerichtet, weil er der Stadt aus einer schweren Notlage durch eine reiche Getreidespende und eine Landschenkung geholfen hatte. Da aber die Stadt die Durchfahrt seiner Schiffe in den Pontos Euxeinos, das Schwarze Meer, garantierte, lag der politische Nutzen dieses Kultes auf beiden Seiten: Hier genoß die Stadt die erwiesenen Wohltaten, und dort freute sich der ptolemaiische Herrscher, daß diese Dankbarkeit ihm bei seinen weiteren Unternehmungen im Schwarzmeergebiet helfen würde.

Herrscherkult in Kleinasien

Die göttliche Verehrung eines Herrschers war aber nicht nur ein Mittel der kleinasiatischen Städte, sich dem jeweiligen Herrscher gegenüber dankbar zu erweisen bzw. durch die Einrichtung eines Kultes den Herrscher gnädig zu stimmen, sondern der Herrscherkult war auch eine Möglichkeit des Herrschers selbst, seine Macht zu zeigen und zu etablieren. Aus diesem Grunde führten die hellenistischen Herrscher selbst reichsweite Kulte für sich – und meist auch für ihre ganze Familie – ein.

Alexander der Große war es wohl, der die Basis dafür geschaffen hat. Seinem riesigen eroberten Gebiet fehlte das sinn-
gebende Gemeinsame. Allein militärische Macht und Siege
reichten nicht aus, um eine neue, das gesamte Gebiet mit all seinen unterschiedlichen Traditionen, Kulturen und Religionen
einende Identität zu stiften. Was lag da näher, als das ‹Übermenschliche› seiner Leistung durch übermenschliche, göttliche
Ehren für seine Person anerkennen zu lassen? Führte er doch
bereits die Dynastie der Argeaden, der er angehörte, auf den
Zeussohn Herakles zurück. Beim Einmarsch in das ägyptische
Theben wurde er als neuer Pharao begrüßt. Dieser war im Bewußtsein der Ägypter seit alters her der Sohn des höchsten Gottes Amun-Re. Der Orakelpriester in der Oase Siwa nannte ihn
provokant ‹Sohn des Zeus›, und in Persien hatte er den Thron
der Achaimeniden bestiegen, deren Herrschaft schon immer
vom Glücksglanz des obersten Gottes Ahura Mazda überstrahlt
war und deshalb als ‹göttlich› galt. All dies zu einer göttergleich-
en Verehrung seiner Person zusammenzufassen, war dem König allerdings wegen seines frühen Todes nicht mehr vergönnt.

Seine Nachfolger, die Diadochen, die, wie erwähnt, nicht
mehr über das ganze Reich herrschten, also auch nicht mehr
alle Facetten der Göttlichkeit Alexanders nutzen konnten und
wohl auch nicht nutzen wollten, taten sich schwer in dieser
Form der Nachfolge. Da sich besonders die Griechen und Makedonen schon immer gegen jede Form der Vergöttlichung eines
Menschen gewehrt hatten und die Diadochen besonderen Wert
auf das griechische Element ihrer Herrschaft legten, erscheint
ihr Zögern verständlich. Als erster hat Ptolemaios II., der als
Pharao bereits von den Ägyptern als göttlich bezeichnet wurde,
seine Eltern zu Göttern erklärt, und als Sohn beanspruchte er
dadurch natürlich auch göttliche Ehren.

Entschieden schwerer hatten es die Seleukiden, die zwar über
den größten Machtbereich verfügten und damit den größten Bedarf an einer die Einheit verkörpernden göttlichen Gestalt hatten, in deren Gebiet aber eben auch die wichtigen kleinasiatischen griechischen Städte lagen. Daher ist es nicht verwunderlich, daß wir die ersten deutlichen Anzeichen einer reichsweiten

göttlichen Verehrung des seleukidischen Herrschers erst am Ende des 3. Jh. v. Chr. ausmachen können. Zwar hatte sich Seleukos I. schon durch seine Nähe zu Apollon den Anschein der Göttlichkeit gegeben; die reichsweite Anordnung der Einrichtung eines Kultes erfolgte allerdings erst unter Antiochos III. (223–187 v. Chr.). Inschriftlich ist uns nämlich aus Karien ein Brief des Antiochos überliefert, in dem der König an Anaximbrotos, den Satrapen von Karien, schreibt, daß er die Ehren für seine Gemahlin Laodike vermehren wolle. Zu diesem Zweck sollen in jeder Satrapie im ganzen Seleukidenreich ebenso wie für seinen eigenen Kult nun auch für den der Königin Oberpriester eingesetzt werden. Sie sollen goldene Kränze mit dem Bild der Königin tragen, und in allen Vertragsurkunden sollen am Ende die Oberpriester seiner Vorfahren genannt werden, seine eigenen und fortan auch die der Königin.

Diese Inschrift bietet ein Beispiel dafür, wie der König per Oktroi einen Kult für sich und seine Gemahlin einführt. In jeder Satrapie wurde offenbar ein Oberpriester, der vielleicht jährlich wechselte, für diesen Herrscherkult eingesetzt. Dieser Priester war für die Verehrung des Herrschers, seiner Frau und beider Ahnen zuständig. Ob Antiochos III. diesen Kult nun als erster eingeführt hat oder nicht, ist in der Forschung eine strittige Frage. Wir hören jedoch hier zum ersten Mal in der Zeit des Hellenismus von dem Versuch, die Legitimität göttlicher Ehren auch über die Ahnen zu schaffen. In einem anderen Beispiel aus Kommagene, auf das noch einzugehen sein wird, waren mit den Ahnen die bis auf Alexander und Dareios zurückführenden Vorfahren gemeint, was gleichfalls zur Legitimation der Herrschaft diente. Vielleicht dürfen wir in dem inschriftlich überlieferten Brief des Antiochos III. bereits eine ähnliche Anlehnung erkennen, wenn er den vergöttlichten Alexander zu seinen Ahnen gezählt haben sollte.

Der von ihnen eingeführte Herrscherkult diente den Diadochen und deren Nachfolgern – wie am Beispiel der karischen Inschrift Antiochos III. deutlich wird – zur eigenen Legitimation; mit ihm verbunden waren Kulthandlungen, die reichsweit zelebriert wurden und somit vereinheitlichend wirken sollten. Da die Priester zudem jeweils Zeugen von Dekreten, also staatlicher Urkunden waren, erhielt ihr Handeln nicht nur eine religiöse, sondern vor allem auch eine politische Dimension.

Der Herrscherkult der Diadochen – nachweisbar am Herrscherkult der Seleukiden in Kleinasien – war demnach zwar ein religiös umrahmtes, aber häufig politisch motiviertes, wichtiges Mittel der Herrschaft.

Neue Mächte – die Galater

Zu Beginn des 3. Jh. v. Chr. treten in der griechischen Welt zum ersten Mal seit langem wieder neue Mächte in Erscheinung; es handelt sich bei ihnen um die von Norden kommenden und an das Mittelmeer drängenden Kelten – oder, wie sie allgemein genannt werden, die Galater. In Kleinasien wurde dieser Zuzug bzw. das Eindringen und die Seßhaftwerdung der Galater durch die seit Beginn des 3. Jh. v. Chr. entstandenen oder im Entstehen begriffenen Teilreiche begünstigt, die gleichfalls neue Mächte waren, aber eben hellenistische und nicht fremde Völker wie die Galater.

Die Auseinandersetzungen zwischen Lysimachos und Seleukos und beider Tod sowie das kurzzeitig folgende Machtvakuum in Makedonien und Kleinasien hatten eine Schwächephase zur Folge, die das Eindringen der Galater, aber auch die Entstehung des Attalidenreiches von Pergamon unter Philetairos ermöglichte. Letzterer war als Stadtkommandant von Pergamon und Hüter des Staatsschatzes des Lysimachos während der Auseinandersetzung zwischen den beiden Herrschern zu Seleukos übergelaufen. Nach dem Tod der Herrscher konnte Philetairos langsam seine Macht als Stadtfürst ausbauen, bis sein Enkel, der Sohn seines Adoptivsohnes und Nachfolgers Eumenes I. (263–241 v. Chr.), Attalos I. (241–197 v. Chr.), sich durch Siege über die Seleukiden und die Galater den Königstitel erkämpft hatte und so das Reich der Attaliden formieren konnte.

Durch Annahme des Königstitels hatte sich auch Mithradates I. von Pontos wohl schon im Jahre 281 v. Chr. von den Seleukiden gelöst. Sein Großvater Ariobarzanes war noch persischer

Satrap (363–337 v. Chr.) in Kleinphrygien gewesen. Er selbst war im Zuge der Auseinandersetzungen zwischen Antigonos Monophthalmos und Kassander um 302 v. Chr. nach Paphlagonien geflohen und hatte sich dort in Kimiata eine erste Residenz geschaffen, von der aus er sein Reich anfangs regierte.

Das Königreich Bithynien ist wohl nie richtig in das Alexanderreich integriert gewesen. Der von Alexander dem Großen in Daskyleion eingesetzte Satrap Kalas (vgl. S. 55) hat zwar nominell auch über Bithynien geherrscht, wurde aber bereits in einer Auseinandersetzung mit dem ersten historisch belegten bithynischen Herrscher Bas – wohl spätestens im Jahre 328 v. Chr. – besiegt. Der Sohn des Bas, Zipoites, nahm als erster den Königstitel an. Er kämpfte auf Seiten des Lysimachos bei Kurupedion, nutzte aber die instabile Lage nach dem Tode von Lysimachos und Seleukos 281/0 v. Chr. ebenfalls und erweiterte sein Herrschaftsgebiet beträchtlich.

Auch das sogenannte Großkappadokische Reich des Ariarathes II. ist sicher aus den Wirren der Jahre um 281 v. Chr. hervorgegangen. Denn dieser Fürst, Sproß eines Geschlechtes, das von Ariarathes I. am Ende des 5. und zu Beginn des 4. Jh. v. Chr. begründet wurde, besiegte um 280 v. Chr. mit Hilfe des armenischen Königs Orontes den seleukidischen Strategen Amyntas. Dieser Sieg machte ihn zum König und Herrn über Kappadokien.

Um diese Zeit, also seit etwa 280 v. Chr. nennt sich auch Orontes III. König; er gehörte dem alten armenischen Satrapengeschlecht der Orontiden an, das mit Orontes I. seit dem Ende des 5. Jh. v. Chr. die persische Satrapie Armenien beherrschte. Er hatte also in den Wirren die Königswürde angenommen, vielleicht begünstigt durch den Sieg, den er gemeinsam mit dem schon erwähnten Ariarathes erfochten hatte. Sein Reich war Armenien, das diesseits des Euphrat lag.

Der gesamte nördliche Teil Kleinasiens mit Bithynien, Pontos, Kappadokien und Armenien befand sich in der Zeit des Niederganges der Macht des Lysimachos im Aufbruch zur Eigenstaatlichkeit im Rahmen der hellenistischen Staatenwelt. Als einzige Macht im Westen war es Pergamon, in der sich der ehemalige

Stadtkommandant des Lysimachos, Philetairos, eine Residenz schuf.

Es ist keineswegs sicher, daß die Kelten, die im Donau- und Karpatenraum lebten, die Gunst der Jahre 281/0 v. Chr. nutzen wollten, um nach Süden vorzudringen. Sicher ist allerdings, daß sie bei ihrem Marsch nach Süden im Jahre 280 v. Chr. auf die Truppen des Ptolemaios Keraunos trafen, diese besiegten, Ptolemaios töteten und plündernd und marodierend durch Makedonien zogen. Der Kelte Brennos war es dann 279 v. Chr., der durch Griechenland zog und erst in Delphi geschlagen wurde. Sein restlicher Heerbann kehrte in die Stammlande zurück, während er selbst sich das Leben nahm. Vielleicht gleichzeitig mit dem Zug des Brennos war ein anderer Bevölkerungsteil der Kelten wohl an der Schwarzmeerküste entlang nach Süden, und zwar nach Thrakien vorgedrungen, um nach Kleinasien zu gelangen. Dieser Zug fand jedoch sein desaströses Ende in einer Schlacht bei Lysimacheia, in der Antigonos II. Gonatas (Beiname unklar), der Sohn des Demetrios und Enkel des Antigonos Monophthalmos, als makedonischer König und neuer Begründer der antigonidischen Dynastie in Makedonien die Kelten um 277 v. Chr. vernichtend schlug.

Eine von den Stämmen, die die beiden ersten Heereszüge durchführten, zu unterscheidende Gruppe von Kelten, nämlich die Tektosagen, die Tolistobogier und die Trokmer, versuchten in dieser Zeit, über den Hellespont nach Kleinasien einzudringen.[*] Sie trafen dort auf eine ausgesprochen verwickelte politische wie militärische Lage.

Der Tod Ptolemaios I. im Jahre 283 v. Chr. stellte seinen Nachfolger, Ptolemaios II. Philadelphos, vor die schwierige Aufgabe, die ptolemaiischen Interessen in den Städten Kleinasiens, am Hellespont und in der Propontis sowie am Schwarzen Meer (hier besonders in Herakleia Pontike) durchzusetzen. Auch der makedonische König Antigonos II. Gonatas wollte

---

[*] Fortan werden im Text die Kelten Galater genannt. Kelten ist der Oberbegriff; jene Kelten, die Gallien bewohnten, werden als Gallier, und die nach Kleinasien gelangten Kelten werden als Galater bezeichnet.

nach der Ermordung des Seleukos Teile Kleinasiens, das einst von Lysimachos beherrscht worden und dann an Seleukos gefallen war, nicht kampflos preisgeben. Selbstverständlich versuchte auch Antiochos I., Sohn und Nachfolger des Seleukos auf dem seleukidischen Thron, sein Erbe zu bewahren. Bestrebungen nordkleinasiatischer Dynasten, sich zu verselbständigen, verkomplizierten die Interessenlage zusätzlich. In dieser Situation, wohl schon 279/8 v. Chr., versuchten die Galater, sowohl über Byzanz als auch über den Hellespont bei Alexandria Troas nach Kleinasien vorzustoßen. Sie waren von Nikomedes I. von Bithynien und Mithradates II. von Pontos, aber auch von den anderen neuen Königen der Nordallianz vor allem gegen die seleukidische Macht zu Hilfe gerufen worden. Dieser Allianz schloß sich auch der neue Machthaber in Pergamon, Philetairos, an, was die Galater freilich nicht hinderte, durch Ionien bis nach Priene und Milet vorzurücken, wo sie das Heiligtum des Apollon in Didyma überfielen und plünderten. Sie hatten aber gemeinsam mit Nikomedes und Mithradates auch Phrygien am Hellespont und jene Teile Phrygiens erobert, wo sie nun von den beiden hellenistischen Königen im Wege von Landzuweisungen angesiedelt wurden – Galatien. Das geschah in den Jahren 275/4 v. Chr., in denen es zu einer Kampfpause kam, da Antiochos I. seine ganze militärische Kraft für den 1. Syrischen Krieg gegen Ptolemaios II. benötigte. Nach dem Friedensschluß nahm Antiochos I. den Krieg in Kleinasien um 270 v. Chr. wieder auf. Da er die Galater als mächtigste Gegner erkannt hatte, wandte er sich gleich nach Phrygien. Auch die Galater selbst eröffneten wohl im Jahre 268 v. Chr. eine Offensive gegen die seleukidischen Kerngebiete in Südwestkleinasien. In Kelainai wurden sie jedoch aufgehalten und mußten sich zurückziehen. Wohl in dieser Situation trafen sie mit dem Heer des Antiochos zusammen und wurden in einer berühmten Schlacht, deren genauer Austragungsort zwar nicht bekannt ist, die aber als ‹Elefantenschlacht› Eingang in die Geschichtsbücher gefunden hat, von Antiochos geschlagen. Nur mit Hilfe seiner Elefanten konnte nämlich der zahlenmäßig unterlegene Antiochos diese Schlacht gewinnen.

Damit war die von den Galatern ausgehende Gefahr für Westkleinasien – d. h. vor allem für das ionische Koinon – gebannt. Die griechischen Städte feierten Antiochos als ihren Retter und Beschützer. Der König stimmte im weiteren der Ansiedlung der Galater in den von den anderen hellenistischen Staaten zugewiesenen Gebieten zu. Dabei wurden offenbar auch Regelungen über das alte kultische Zentrum der Phryger, Pessinus, getroffen. Der Priesterstaat der Kybele wurde von allen Beteiligten anerkannt.

In der Folgezeit sind die Galater ein fester ethnischer Bestandteil Anatoliens geworden. Sie waren auch immer wieder an den kleineren und größeren Auseinandersetzungen der hellenistischen Mächte beteiligt.

Im Kampf um die Vorherrschaft in Kleinasien unterstützten die Pergamener unter Attalos I. den seleukidischen König Seleukos I., den Nachfolger Antiochos I., im Kampf gegen seinen Bruder Antiochos Hierax, der die Galater an seiner Seite wußte. Attalos errang an den Quellen des Kaikosflusses 238/7 v. Chr. den Sieg über die galatischen Tolistobogier. Diesen militärischen Erfolg nutzte er in hellenistischer Tradition zur Annahme der Königswürde und besiegte dann als erster pergamenischer König auch Antiochos Hierax und seine weiteren galatischen Verbündeten. Nach 228 v. Chr. wird in den Quellen von einem Freundschaftsverhältnis zwischen Galatern und Pergamon berichtet. Spätestens 190 v. Chr. aber standen ebendiese Galater wieder an der Seite des seleukidischen Königs Antiochos III., als er in die Schlacht von Magnesia gegen Rom und Pergamon zog.

Die Abwehr der Galater und die damit verbundene Galater-Barbaren-Topik ist übrigens auch ein wichtiges Thema in der hellenistischen Kunst Pergamons gewesen, das unter den Attaliden in zahlreichen Galatermonumenten Ausdruck und schließlich auch Eingang in Griechenland und Rom fand. Dieses spezielle kleinasiatische politische Thema bereicherte also die hellenistische Kunst, die ihrerseits erkennen läßt, daß die Galater im Konzert der hellenistischen Mächte Kleinasiens stets als Fremd- bzw. Barbarenvolk angesehen wurden.

Barbaren waren und blieben neben den Galatern auch die übrigen Kelten. Im Jahre 218 v. Chr. bediente sich Attalos I. von Pergamon noch einmal der Kelten (nicht der Galater), indem er die in Thrakien siedelnden Aigosagen für seinen Kampf gegen die Seleukiden unter ihrem Herrscher Achaios anwarb. Zunächst verlief die Aktion erfolgreich, doch dann meuterten die Aigosagen angeblich wegen einer ominösen Mondfinsternis am Makestosfluß. Dennoch siedelte sie Attalos, wie vorher vertraglich vereinbart, an der Propontisküste nördlich von Abydos an, wo sie ihm als Bollwerk gegen den mächtigen König von Bithynien, Prusias I., dienen sollten. Schon 216 v. Chr. konnte dieser sie allerdings vernichtend schlagen und wurde als Sieger über die ‹Barbaren› überschwenglich gefeiert. Fortan gab es in Kleinasien nur noch die drei galatischen Stämme der Tektosagen, Tolistobogier und Trokmer, die in Mittelanatolien angesiedelt waren und an die noch um das Jahr 50 n. Chr. der Apostel Paulus seinen berühmten Galaterbrief richtete.

Ein hellenistisches Königreich – Kommagene

Keines der hellenistischen Königreiche verdeutlicht so gut die Rolle Kleinasiens als Brückenland und als Vermittlerin zwischen Orient und Okzident wie das am Euphrat gelegene Kommagene. Das liegt nicht zuletzt an der ausnehmend guten Quellensituation. Wir besitzen zwar wenige historiographische Quellen für dieses Königreich, dafür aber verfügen wir über schriftliche Selbstzeugnisse seiner Herrscher, wie sie für kein anderes der Königreiche Kleinasiens vorhanden sind. Die archäologischen Denkmäler ergänzen diese Schriftzeugnisse in einzigartiger Weise.

Als eine eigenständige Region existierte Kommagene schon seit dem 11. Jh. v. Chr. unter dem Namen Kummuh oder Kummuhi. Die Landschaft stand unter assyrischer und in der Folgezeit sicher auch unter hethitischer Herrschaft. Aus achaimenidischer Herrschaft wird sie Alexander befreit haben, und nach dessen Tod war sie Teil des seleukidischen Reiches. Als selbständiges Königreich ist Kommagene dann zweifellos in den Wirren des 3. Jh. v. Chr. entstanden. Wir kennen namentlich einen Orontes, der Satrap in Armenien war und eine Tochter des achaimenidischen Großkönigs Artaxerxes II. Mnemon (404–359 v. Chr.) geheiratet hat. Sein Sohn Samos scheint die spätere Hauptstadt des Reiches Kommagene, Samosata, gegründet zu haben. Von dessen Enkel Arsames wird berichtet, daß er die Gelegenheit der Kämpfe zwischen Seleukos II. und Antiochos Hierax nutzte, die Region von der Satrapie Armenien abzuspalten und das Königreich Kommagene zu gründen. Er war es dann auch, der die verschiedenen Residenzen unter dem Namen Arsameia gründete.

Historiographisch gut faßbar wird das Königreich für uns erst im 1. Jh. v. Chr. Aus dieser Zeit sind inschriftliche und ikonographische Selbstzeugnisse der beiden Könige Mithradates I. Kallinikos und Antiochos I. von Kommagene erhalten. Sie stellen eindrucksvolle Zeugnisse für das Selbstverständnis der Könige dar und erlauben zugleich Rückschlüsse auf das Identitätsbewußtsein der Menschen dieser Region und vor allem natürlich der Herrscher nicht nur in Kommagene, sondern in ganz Kleinasien.

Die Zeugnisse stammen aus der Zeit der Auseinandersetzungen der hellenistischen Welt mit den Römern, über deren Anfänge wir im folgenden Kapitel ausführlich hören werden, die jedoch im Kontext Kommagenes bereits angedeutet werden sollen. Jenseits des Euphrat hatte sich bereits der Aufstieg der Parther vollzogen, und die hellenistischen Königreiche erschienen den Römern als ein Bollwerk gegen diese neue Macht. In den Quellen, die von der diplomatischen, militärischen, aber auch kulturellen Auseinandersetzung der Könige von Kommagene mit ihren Nachbarn berichten, lassen sich Wesenszüge erkennen, die den meisten hellenistischen Mächten eigen waren.

Das 1. Jh. v. Chr. war eine Zeit der Umorientierung für die gesamte hellenistischen Staatenwelt. Ihre Aufmerksamkeit richtete sich auf die Supermacht im Westen: Rom. Der römische Feldherr Lucullus hatte weite Teile Kleinasiens erobert und befand sich in Armenien, wo allerdings seine Truppen zu meutern begannen und Zweifel an der Führungsstärke des Lucullus aufkamen. Durch einen außerordentlichen Senatsbeschluß wurde in dieser

Situation Pompeius nach Kleinasien geschickt, der als glänzender Feldherr erst die Piraten – eine lang andauernde Plage der gesamten Mittelmeerwelt – besiegte (67 v. Chr.) und dann auch innerhalb kürzester Zeit Kleinasien unter seine Kontrolle brachte (vgl. S. 87 ff.). Probleme bereitete ihm allein Antiochos I. von Kommagene, den er längere Zeit in seiner Hauptstadt Samosata belagerte, ohne diese aber erobern zu können. Schließlich erkaufte sich Antiochos den Abzug des Römers mit einer großen Summe Geldes. Die beachtlichen Finanzmittel des Königreiches dürften nicht zuletzt der Kontrolle Kommagenes über die beiden einzigen bedeutenden kleinasiatischen Euphratübergänge in Samosata und Zeugma zu verdanken gewesen sein.

Die im Jahre 63 v. Chr. vorgenommene Neuordnung des Ostens durch Pompeius ließ Kommagene fast unberührt. Damals schrieb der römische Rhetor und Staatsmann Cicero über den König Antiochos, daß man ihm nicht trauen könne, da er mal bei dem einen, mal bei einem anderen seine Verbindungen suche. Möglicherweise konnte oder wollte Cicero, als er dieses Urteil formulierte, eines der Wesensmerkmale hellenistischer Herrschaft gerade in Kleinasien nicht verstehen: Alle Herrscherhäuser und herrschenden Familien waren auf irgendeine, meist verwandtschaftliche Weise miteinander verbunden. Dies mußte zu wechselnden Interessenlagen und Koalitionen führen. Antiochos I. von Kommagene bildete mit seiner Schaukelpolitik also keine Ausnahme, wenn er sich einmal seinen Verwandten in Armenien, mal den Kappadokiern oder den Römern zuwandte.

Ein zweites Wesensmerkmal hellenistischer Herrschaft in Kleinasien – vor allem in der Spätzeit – zeigte sich in der verstärkten Hinwendung der Herrscher zu ihren makedonischen und den persischen ‹Ahnen›. Verfolgte das pontische Königshaus durch die Namensverbindung seiner Herrscher mit dem Gott Mithras eine politisch-religiöse Programmatik und erinnerte auf diese Weise an seine persische Vergangenheit, so wollten die hellenistischen Herrscher sich gleichwohl auch in der Nachfolge Alexanders des Großen verstanden wissen, wie sinnfällig in der Ahnengalerie des Königs Antiochos I. von Kommagene deutlich wird. Dieser König ließ sich auf der höchsten Erhebung des Antitaurus, auf dem Berg Nemrud (türkisch: Nemrud Daği), in über 2000 m Höhe sein Grabheiligtum errichten. Zu diesem Zweck wurde die Spitze des Berges abgetragen und verschottert; mit diesem Schotter wurde ein 50 m hoher Kegel – wohl über seiner Grablege – errichtet. Zwei große Terrassen flankieren den künstlich aufgeschütteten Hügel. Dort stellte er auf beiden Terrassen in gleicher Weise alle seine Ahnen bildlich dar – und zwar sowohl seine eigenen als auch die seiner Gattin Laodike. Diese Bilderreihe führte er zurück bis auf den persischen Großkönig Dareios I. bzw. mütterlicherseits bis auf Alexander den Großen. Daran, daß sich der König in seinen Inschriften zusätzlich nicht nur als «Freund der Griechen», sondern auch noch als «Freund der Römer» bezeichnete, läßt sich sehr schön erkennen, wie er aus dem Ahnenkult ein politisches Programm machte.

Der Nemrud Daği, den Antiochos I. als sein Grabheiligtum, sein «Hierothesion» bezeichnet hat, erscheint noch heute durch die Anlage der beiden Terrassen, auf denen Kultfeiern zu Ehren des Königs, seiner Familie und seiner Ahnen an bestimmten Tagen stattfanden, als grandioses Symbol für jene Brücke, die der König schlagen wollte. Hatte er doch eine Terrasse genau im Osten mit Blick auf sein persisches Erbe, die andere Terrasse genau nach Westen in Richtung auf die griechisch-makedonisch-römische Welt ausrichten lassen.

Besonders eindrucksvoll kommt der Orient-Okzident-Gedanke des Königs in seinem Pantheon und seinem Götterkult zum Ausdruck. Er stellte sich einen in der Antike einmaligen Götterkosmos sowohl bildlich als auch inschriftlich in seinem ganzen Reich zusammen. Gut nachvollziehbar ist diese Darstellungsweise wiederum auf den beiden Terrassen des Nemrud Daği erhalten geblieben: Als oberster Gott wurde Zeus ins Bild gesetzt, den Antiochos allerdings nicht nur Zeus nennt, sondern ihn auch gleichzeitig mit dem Namen seines persischen Pendants als höchsten Gott anspricht, nämlich Ahura Mazda. Antiochos vereinigt beide Götter unter dem Namen Zeus Oromasdes. Als Gattin sitzt neben Zeus Hera, die der König auf einer Inschrift so nennt, sie aber zugleich als «allnährende Landesmutter Kommagene» auf dem Nemrud Dağı abbildet und auch als solche bezeichnet. Ferner ist Herakles, der Ahnherr des Argeadenhauses Alexanders des Großen dargestellt und genannt. Aber auch er erscheint nicht ohne sein persisches Pendant – Verethragna. Hinzu tritt der Kriegsgott Ares, der bei Antiochos dann zusammengefaßt Herakles Artagenes Ares heißt. Neben diesen drei Göttern darf nicht der Schützer der Königsherrschaft bei den Persern – Mithras – fehlen. Er findet seine griechische Entsprechung sowohl im Sonnengott Helios als auch in Apollon und im Götterboten Hermes; also heißt der Gott – wenn auch manchmal in abgewandelter Folge der Namen, so doch immer mit allen vier Namen – Mithras Apollon Helios Hermes.

Die doppelte Wesenheit dieser Götter wird dadurch noch hervorgehoben, daß sie sowohl in griechisch-römischer als auch in persischer Manier gekleidet sind. Das ist besonders auffällig in den Apotheose-Darstellungen des Königs. Antiochos I. wird nämlich auf jeder der beiden Terrassen des Nemrud Dağı mit Handschlag von jedem der Götter begrüßt. Die Reliefs mit diesen Szenen zeigen den König immer in persischer Kleidung, während die Götter unterschiedlich gewandet sind – so etwa Herakles Artagenes Ares in griechischer Nacktheit, Mithras Apollon Helios Hermes aber im orientalisch-persischen Ornat.

Der König verlangte von jedem seiner Landsleute, seinen eigenen Kult und den seiner Ahnen in dieser synkretistischen Weise durchzuführen. Damit auch jeder in seinem Land die Möglichkeit dazu hatte, legte er – zusätzlich zu seinem zentralen Grabheiligtum auf dem Nemrud Dağı – gleichartige Kultstätten im ganzen Königreich an und bestimmte die Tage, an denen jeder Bürger an den Feiern teilzunehmen hatte.

Dadurch wird jedem modernen Betrachter und wurde auch jedem antiken Zeitgenossen der Zusammenhang zwischen Zentralismus und Dezentralismus ebenso wie der politische Synkretismus in hellenistischer Zeit sinnfällig vor Augen geführt.

Beide Komponenten waren zweifellos auch in den anderen Königreichen der hellenistischen Staatenwelt zu finden, sind jedoch in dieser Deutlichkeit bis heute nur aus Kommagene überliefert.

Kleinasien unter römischer Vorherrschaft

Rom und Pergamon

Gegen Ende des 3. Jh. v. Chr. bahnten sich in der Welt der hellenistischen Staaten entscheidende Veränderungen an: Philipp V. von Makedonien mußte sich im 1. Makedonischen Krieg (215–205 v. Chr.) zum ersten Mal mit den Römern auseinandersetzen. Dabei ging es anfangs nur um Illyrien und die römischen Stützpunkte an der dortigen Adriaküste, von wo Philipp die Römer fernzuhalten bzw. zu verdrängen suchte. Rom schloß daraufhin einen Vertrag mit den griechischen Aitolern, die ihrerseits mit König Attalos I. von Pergamon ein Bündnis geschlossen hatten. Da auf Philipps Seite bald der bithynische König Prusias I. kämpfte, wurden die militärischen Auseinandersetzungen auch nach Kleinasien hinübergetragen. Philipp konnte die Aitoler besiegen, und auch die Kämpfe zwischen Prusias und Attalos brachten den Römern keinen Vorteil, so daß sie sich zum Frieden von Phoinike im Jahre 205 v. Chr. genötigt sahen, der dann allerdings beiden Seiten den Status quo bestätigte.

Was das Interesse Roms an Kleinasien angeht, so sind zwei Dinge besonders anzumerken: Zum einen wurde die Stadt Ilion in dem Friedensvertrag von Phoinike besonders berücksichtigt. Ein Grund dafür liegt ganz zweifellos auch darin, daß Rom der Heimatstadt des eigenen mythischen Gründervaters Aeneas besonders gedenken wollte.

Zum anderen wandte sich Rom im Jahre 204 v. Chr. an die Attaliden in Pergamon, um die Göttermutter aus Pessinus zur Abwehr der Puniergefahr, die die Römer in den Kriegen gegen Karthago umtrieb, nach Rom zu holen (vgl. S. 100 f.).

Am anderen Ende der hellenistischen Welt, in Ägypten, starb ein Jahr nach dem Frieden von Phoinike im Sommer des Jahres 204 v. Chr. König Ptolemaios IV. Philopator (der den Vater liebt), ohne einen amtsfähigen Nachfolger zu hinterlassen. Der

Thronfolger war noch ein Kleinkind. In dieser heiklen Situation schlossen Philipp V. und der Seleukide Antiochos III. ein geheimes Bündnis, um ptolemaiische Besitzungen unter sich aufzuteilen. Um diesem Machtstreben, das auch besonders die ptolemaiischen Besitzungen in Kleinasien betraf, entgegenzuwirken, wandten sich die Rhodier und der pergamenische König Attalos I. mit einer Gesandtschaft im Jahre 201 v. Chr. um Hilfe an Rom. Die Pergamener waren inzwischen zu *amici populi Romani* – zu Freunden des römischen Volkes – erklärt worden, was ihnen ein gewisses Recht auf Hilfe durch die Römer verlieh. Der römische Senat wollte auch helfen, mußte aber auf die Bevölkerung, die durch die punischen Kriege sehr gelitten hatte, Rücksicht nehmen und schickte erst einmal zur Beilegung des Konfliktes Gesandtschaften in die griechischen Staaten und stellte Philipp V. ein Ultimatum. Da dies nichts nutzte, kam es zum 2. Makedonischen Krieg (200–197 v. Chr.). Dieser ging für die Römer glücklicher aus als der 1. Makedonische Krieg, denn der römische Feldherr Titus Quinctius Flamininus konnte 197 v. Chr. bei Kynoskephalai (den Hundsköpfen) in Nordgriechenland Philipp besiegen.

Damit war aber das Problem, welches sich aus dem Geheimvertrag zwischen Philipp V. und Antiochos III. ergeben hatte, nämlich die Aufteilung des ptolemaiischen Besitzes in Kleinasien, noch nicht gelöst. Denn Antiochos III. hatte die Niederlage Philipps genutzt und war nun seinerseits nach Siegen in Syrien in Kleinasien eingefallen. Er konnte sich einiger Städte an der Süd- und Westküste Kleinasiens bemächtigen. Die wichtigste unter ihnen war sicher Ephesos, wo er sogar mit Hannibal, dem inzwischen abgesetzten und vor den Römern fliehenden Feldherrn der Karthager, zusammentraf. Er bedrohte den Macht- und Einflußbereich der Pergamener und konnte bis in die Troas und an den Hellespont vordringen, wo er den wichtigen Übergang nach Thrakien, die Stadt Abydos, für sich gewinnen konnte.

Wie sehr man sich in Kleinasien in dieser Situation schon auf Rom verlassen wollte, zeigt sich daran, daß die Stadt Smyrna im Zusammenhang der Auseinandersetzung mit Antiochos III. als erste kleinasiatische Stadt der Göttin Roma als Schutzpatronin der Stadt einen Tempel errichten ließ.

Wie sein Urahn Seleukos I. nach dem Sieg über Lysimachos im Jahre 281 v. Chr. wandte sich Antiochos III. nun im Jahre 196 v. Chr. auch gegen die makedonischen Stammlande und Griechenland. Das mußte zum Krieg mit Rom führen, der vielleicht hätte verhindert werden können, wenn nicht der pergamenische König Eumenes II., der sich bei einem möglichen Sieg des Antiochos in allergrößter Gefahr sah, die Römer immer wieder zum Eingreifen gedrängt hätte. Nach den ersten Gefechten in Griechenland mußte sich Antiochos III. 191 v. Chr. nach Asien zurückziehen und wurde von den Römern, die damit zum ersten Mal mit einem Heer in Asien standen, verfolgt und schließlich zu Beginn des Jahres 189 v. Chr. bei Magnesia am Sipylos geschlagen. An diesem Sieg hatte Eumenes II. mit seinen Soldaten einen großen Anteil.

Der im Jahr 188 v. Chr. im phrygischen Apameia geschlossene Friede war ein von Rom bestimmter Diktatfriede und führte dazu, daß Antiochos III. und mit ihm die seleukidische Macht hinter den Tauros zurückgedrängt wurde. Damit war ein dauerhaftes Ende der seleukidischen Macht in Kleinasien diesseits des Tauros erreicht. Die griechischen Städte, die von Antiochos abgefallen bzw. nicht seleukidisch geworden waren, wurden von den Römern für frei erklärt. Die Rhodier konnten über Karien und Lykien herrschen, der größte Teil Westkleinasiens wurde aber den Attaliden zugesprochen. Damit war aus dem flächenmäßig recht kleinen Königtum Pergamon das Reich der Attaliden geworden, das nun als größter hellenistischer Staat Kleinasiens ‹von Roms Gnaden› seine Macht gegenüber den anderen kleinasiatischen Königen in den folgenden Jahren sogar noch weiter ausdehnen konnte.

Es ist bezeichnend, daß die Römer sich auch nach dem Friedensschluß von Apameia – wie sie es schon nach den beiden makedonischen Kriegen aus Griechenland und Makedonien getan hatten – militärisch völlig zurückzogen. Es blieb kein römischer Soldat in Kleinasien. Auch in den folgenden Auseinandersetzungen der hellenistischen Könige untereinander blieb Rom die

graue Eminenz im Hintergrund und zog vor allem mit Hilfe eines
ausgeklügelten Gesandtschaftswesens die Fäden der Macht,
jedoch ohne sich militärisch zu engagieren.

Griffen die Römer nach dem Krieg gegen Perseus – den Sohn
und Nachfolger Philipps V. von Makedonien und letzten Herrscher auf dem Antigonidenthron –, dem sogenannten 3. Makedonischen Krieg, den sie mit der Schlacht bei Pydna 168 v. Chr.
siegreich beendet hatten, in die inneren Verhältnisse Makedoniens ein, indem sie die hellenistische Monarchie abschafften
und das Land in vier Republiken aufteilten, so haben sie in
Kleinasien weiterhin lange nur indirekt durch die Attaliden geherrscht. Doch die Stunden aller hellenistischen Monarchien
waren gezählt, denn immer öfter blickte man nach Rom, immer
öfter wurden Gesandtschaften nach Rom geschickt mit der Bitte um Hilfe bei der Regelung innerkleinasiatischer Probleme.
Angehörige der Fürstenhäuser wurden zur Erziehung und Ausbildung nach Rom geschickt, und die kleinasiatischen Höfe öffneten sich den römischen Machthabern und Politikern.

So verwundert es nicht, daß Attalos III., ein Exzentriker unter den pergamenischen Herrschern, bei seinem Tode – da er
keinen legitimen Nachkommen hatte – sein Reich im Jahre 133
v. Chr. durch Testament den Römern vererbte. Ein gewisser
Aristonikos, der sich als Halbbruder des Attalos ausgab, versuchte zwar als Eumenes III. diese Übertragung zu verhindern,
indem er das Land mit Krieg überzog, aber im Jahre 129 v. Chr.
wurde er durch ein römisches Heer unter Manius Aquillius
besiegt. Daraufhin nahmen die Römer das Erbe an. Vorher hatten sie allerdings nicht nur ein Heer, sondern auch eine zehnköpfige Kommission in das pergamenische Reich geschickt,
um die politischen Realitäten, die sich hinter den Testamentsbestimmungen verbargen, und die Möglichkeiten der Durchsetzung des Erbanspruches auszuloten. Die Bestimmungen des
Testamentes waren in einigen Punkten gewiß nicht einfach zu
interpretieren. Attalos III. hatte nämlich die griechischen Städte
aus der Erbschaft ausgenommen. Darüber hinaus hatte er etwa
die Stadt Pergamon noch kurz vor seinem Tode für frei erklärt
und somit gleichfalls aus der Erbmasse herausgelöst. Allerdings

waren die betreffenden griechischen Städte dem Attalos ver-
pflichtet gewesen, so daß sie nun zwar frei, aber dennoch nicht
automatisch von der Abgabenpflicht befreit waren. All dieses
galt es wohl vor der Annahme des Erbes zu prüfen und zu regeln.

Sicherlich waren nicht alle Städte glücklich über die Regelungen, die Attalos III. in seinem Testament getroffen hatte. Das
zeigt etwa das Beispiel der Stadt Apollonia am Rhyndacus im
Norden des pergamenischen Reiches, die von Attalos I. neu gegründet und dabei nach dem Namen seiner Frau Apollonis umbenannt worden war. Gegen Ende des 2. Jh. v. Chr., vielleicht
schon in den Jahren zwischen 133 und 129 v. Chr., wandten sich
die Bewohner dieser Stadt mit einem Gesuch an den Apollon von
Didyma: Er solle ihnen bestätigen, daß sie von Apollon gegründet seien. Leider kennen wir die Antwort des Apollon nicht.
Immerhin: Hätte er ihnen die entsprechende Abkunft bestätigt,
so wären sie als folglich griechische und mithin nicht-attalidi-
sche Gründung aus der Erbmasse herauszulösen gewesen.

129 v. Chr. war nach der militärischen Intervention durch
Manius Aquillius auch die Zehnmännerkommission zu dem Ergebnis gekommen, daß man die Erbschaft annehmen könne,
und machte das ererbte Gebiet zur römischen Provinz – ganz so,
wie man es im Jahre 148 v. Chr. mit dem hellenistischen Griechenland und Makedonien getan hatte.

Ließ sich also im Jahre 129 v. Chr. das eine Problem der Römer lösen, so deutete sich zugleich ein anderes und für die Zukunft Kleinasiens gravierendes an: Seit dem Beginn des 2. Jh.
v. Chr. war eine neue Großmacht ins Licht der Geschichte des
Mittelmeerraumes getreten – die Parther, ein iranisches Volk,
das für Jahrhunderte ein erbitterter Gegner der Römer werden
sollte. Mit ihnen mußten sich zunächst die 188 v. Chr. hinter
den Tauros zurückgedrängten Seleukiden auseinandersetzen.
Infolge innerer Kämpfe konnten sie aber den nach Westen drängenden Parthern nicht viel entgegensetzen, so daß das Heer
des Seleukiden Antiochos VII. Sidetes (der Mann aus Side) im
Jahre 129 v. Chr. vom Partherkönig Phraates II. völlig vernich-
tet wurde und alles Land jenseits des Euphrat aufgegeben wer-

den mußte. Die Seleukiden konnten danach nur noch im Osten Kilikiens und in Nordsyrien ihre Macht behaupten.

So sollte Kleinasien neuerlich als Brücke wirken – diesmal aber war die verbindende Mittellage besonders brisant, betraf sie doch die politischen und militärischen Interessen der Römer und Parther. Dieses Dasein barg für die politischen Gebilde Kleinasiens die große Gefahr, zwischen den beiden Machtblökken im Osten und Westen zerrieben zu werden.

Noch aber stellte das Partherproblem nur eine abstrakte Bedrohung römischer Interessen im Vorderen Orient dar. So gaben die Römer ihrer neuen Provinz den anspruchsvollen Namen Asia, obwohl ja die anderen hellenistischen König- und Fürstentümer in Kleinasien weiterhin Bestand hatten. Dennoch war von nun an die Geschichte Kleinasiens unmittelbar mit der Geschichte Roms, wie auch die Geschichte Roms untrennbar mit der Geschichte Kleinasiens verknüpft. Sofort traten auch die Schattenseiten römischer Herrschaft in Kleinasien zutage. Da das römische, immer noch auf die Stadt Rom ausgerichtete, politische und administrative System die Praxis der Territorialherrschaft in den Provinzen offensichtlich noch nicht angemessen beherrschte, hatte man auch in Kleinasien mit der Steuereintreibung nicht römische Beamte, sondern sogenannte Steuereintreibungsgesellschaften beauftragt, die sich in Rom das Recht zur Steuereintreibung gekauft hatten und dieses nun in der neuen Provinz Asia oft brutal und rücksichtslos durchsetzten. Die Reaktionen ließen nicht lange auf sich warten und fanden ihren vorläufigen Höhepunkt in den römischen Auseinandersetzungen mit Mithradates VI. Eupator (von einem guten Vater stammend), König von Pontos.

Mithradates VI. von Pontos und die Neuordnung Kleinasiens durch Pompeius

Es wird wohl das von Kilikien ausgehende Seeräuberunwesen gewesen sein, das die Römer zu einer militärischen Dauerpräsenz in Kleinasien gezwungen hat. Diese Seeräuber waren zu einer latenten Gefahr für den gesamten mittelmeerischen Handel und die Seewege allgemein geworden. Wir wissen, daß sich die Römer seit dem Jahr 102 v. Chr. verstärkt bemühten, die wichtigsten Schlupfwinkel der Piraten in der Kilikia Tracheia (im Rauhen Kilikien) in die Hand zu bekommen.

Nicht die Seeräuber, wohl aber die durch diese heraufbeschworene, immer stärker wahrnehmbare römische Präsenz war es, die als ersten den pontischen Herrscher Mithradates VI. Eupator (120–63 v. Chr.) gegen die Römer auf den Plan rief.

Da alle anderen hellenistischen Reiche im Untergang begriffen waren, zielten seine Unternehmungen wohl in erster Linie darauf ab, ein neues hellenistisches Großreich zu bilden. Er verband sich nicht nur politisch, sondern auch familiär durch die Heirat seiner Tochter mit dem großarmenischen König Tigranes I. Er eroberte das bosporanische Reich im Norden des Schwarzen Meeres und in Kleinasien selbst nacheinander Kleinarmenien, Kolchis, Paphlagonien, Galatien und Kappadokien. Damit schuf er sich eine Machtbasis, mit der er den Römern in ihrem Expansionsdrang Einhalt gebieten konnte. Kappadokien bildete schließlich den Konfliktherd, dessen Entwicklung die Römer zum Handeln zwang. Dort hatte Mithradates seinen erst achtjährigen Sohn als Ariarathes auf den Thron gesetzt. Dieser Machtzuwachs an seinen Grenzen beunruhigte den vorher mit dem pontischen König befreundeten bithynischen König Nikomedes III. Euergetes (der Wohltäter) sehr. Er wandte sich um Hilfe an Rom. Die Römer ‹ernannten› 94 v. Chr. in Kappadokien Ariobarzanes zum neuen König. In dieser Situation wandte sich Mithradates VI. Eupator an seinen Schwiegersohn Tigranes I. von Armenien, der Ariobarzanes aus Kappadokien vertrieb. Doch letzterer wandte sich nun seinerseits an die Römer und vermochte sie – vielleicht auch mit Hilfe reicher Goldlieferungen – zum militärischen Eingreifen zu bewegen. Als Proprätor von Kilikien wurde Lucius Cornelius Sulla mit der Rückführung des Ariobarzanes in sein Reich beauftragt. Das gelang, und Sulla konnte mit seinem Heer bis zum Euphrat vorstoßen, wo er 92 v. Chr. auf einen Abgesandten des parthischen Königs mit Namen Orobazos traf, mit dem dann zum ersten Mal der Euphrat als Westgrenze des Partherreiches und damit als Ostgrenze der Interessen des Imperium Romanum festgelegt wurde.

Als der bithynische König Nikomedes III. starb, versuchte Mithradates VI. auch hier einen Mann seines Vertrauens auf den Thron zu heben. Dem wollten die Römer nicht tatenlos zusehen und sandten ein Heer unter dem jüngeren Manius Aquillius – wohl ein Sohn des oben schon erwähnten Feldherrn – sowohl zur Rückführung des Ariobarzanes als auch zur Inthronisation des bithynischen Königs Nikomedes IV. nach Kleinasien. Das führte zum 1. Mithradatischen Krieg (89–85 v. Chr.), der in ganz Kleinasien schreckliche Auseinandersetzungen und Bluttaten nach sich zog. Mithradates konnte nämlich aufs beste ausgerüstet fast ganz Kleinasien zunächst unter seine Kontrolle bringen. Das schlimmste damit einhergehende Ereignis war die sogenannte Vesper von Ephesos, in der in einer einzigen Nacht mehr als 80 000 Römer und Italiker umgebracht worden sein sollen. Dieses von Mithradates VI. befohlene Pogrom ist nur durch den lange aufgestauten Haß der Bewohner der römischen Provinz Asia zu erklären, der sich vor allem gegen die bereits erwähnten Steuerpächter richtete, die in den zurückliegenden vierzig Jahren die Bewohner der Provinz ausgepreßt hatten.

Nach den Siegen in Kleinasien begann sich mit seinem Übergang nach Griechenland das Kriegsglück gegen Mithradates zu wenden. Er wurde dort und in der Folge auch in Kleinasien durch Sulla geschlagen, der ihn im Jahre 85 v. Chr. zum Frieden von Dardanos (am Eingang zum Hellespont) zwang. Mit diesem Frieden wurde der alte Zustand von vor 89 v. Chr. in Kleinasien wiederhergestellt, da Mithradates alle Eroberungen zurückgeben mußte. Ganz Kleinasien war aber von nun an mehr denn je von den Römern abhängig, wenn auch das Reich des pontischen Königs zwar zurechtgestutzt, aber dennoch nach wie vor das größte Königreich in Kleinasien war.

Was schließlich der Grund für den neu ernannten Provinzstatthalter in der Provinz Asia Lucius Licinius Murena gewesen ist, im Jahre 83 v. Chr. neuerlich gegen Mithradates VI. zu Felde zu ziehen, läßt sich nicht mit Gewißheit sagen. Es mag Geltungsdrang, vielleicht auch die Aussicht auf Beute gewesen sein.

Jedenfalls ließ der pontische König sich gar nicht erst auf einen größeren Kampf ein, er beschwerte sich in Rom, und dort erreichte der inzwischen zum Diktator erhobene Sulla, daß der Krieg bereits im Jahre 82 v. Chr. wieder eingestellt wurde.

Der 3. Mithradatische Krieg (74–63 v. Chr.) hatte seine tieferen Ursachen in den immer noch ungeklärten Machtverhältnissen in Kleinasien. Man hatte nach dem 1. Krieg auf eine schriftliche Ausfertigung der Friedensvereinbarungen in Dardanos verzichtet. Auch die Einstellung der Kampfhandlungen, die Murena angezettelt hatte, schaffte für beide Seiten keine befriedigende Situation. Zudem bereitete das Machtstreben des armenischen Königs Tigranes I., des Schwiegersohnes des Mithradates, den Römern Unbehagen. Der Auslöser des Krieges aber lag in einer neuerlichen Erbschaft der Römer. Der bithynische König Nikomedes IV. war im Jahre 74 v. Chr. gestorben und hatte sein Reich wie einst Attalos III. von Pergamon testamentarisch den Römern vermacht. Das konnte und wollte Mithradates VI. nicht zulassen. Er war selbst noch bestens gerüstet und hatte sowohl in den Thrakern jenseits des Bosporus als auch in den Seeräubern Verbündete gefunden. Auch in Rom entschied man sich für Krieg und beauftragte den Konsul des Jahres 74 v. Chr. L. Licinius Lucullus, ihn zu führen. Er konnte sich auf die Provinzen Asia und Cilicia stützen und erhielt den Oberbefehl gegen Mithradates. Der zweite Konsul M. Aurelius Cotta wurde mit der Regelung der Angelegenheiten in Bithynien beauftragt und erhielt den Oberbefehl über die römische Flotte.

Während wir von Cotta wenig hören, wird uns die Leistung des Lucullus durch dessen Biographen Plutarch, der ihn im 1. Jh. n. Chr. mit dem Athener Kimon (vgl. S. 50 f.) vergleicht, ausführlich geschildert. Lucullus konnte ganz Kleinasien, einschließlich des Königreiches Pontos, wieder unter römische Oberhoheit bringen. Sein ärgster Feind war dabei nicht der zu seinem Sohn ins Bosporanische Reich fliehende Mithradates VI., sondern der armenische König Tigranes I., den er bis in dessen Hauptstadt Tigranokerta über den Euphrat verfolgte. Dort stellte sich Tigranes mit einem, wie es scheint, dem Lucullus weit überlegenen Heer zur Schlacht. Wenn man der

Aufzählung des Plutarch (Lucullus 26) glauben darf, so wirkten die dort versammelten Kontingente wie das letzte Aufgebot aller im Osten lebenden hellenistischen Herrscher und ihrer Reiche, die sich dem mächtigen Imperium Romanum in den Weg stellen wollten. Doch Lucullus konnte die vereinigten Heere schlagen und die Stadt Tigranokerta im Jahre 69 v. Chr. einnehmen.

Es war letztlich wohl mangelndes Einfühlungsvermögen in die Situation seiner Soldaten und sein mangelndes politisches Geschick, was den erfolgreichen Feldherrn zu Fall brachte: Seine Soldaten meuterten, und auch die Nobilität in Rom stellte sich gegen ihn, so daß seine Ablösung betrieben wurde. Man nahm ihm seine Operationsbasen Asia und Cilicia. Als zudem 67 v. Chr. Mithradates VI. aus dem Bosporanischen Reich zurückkehrte und im pontischen Zela den Legaten des Lucullus, Triarius, in einer Feldschlacht schlug, war das Schicksal des Lucullus besiegelt.

Gnaeus Pompeius war der Mann der Stunde. Ihm wurde 67 v. Chr. ein außerordentliches Imperium (Amtsvollmacht) gegen die Seeräuberplage übertragen. In nur 40 Tagen hatte er mit einem Heer von 20 Legionen und 500 Schiffen die Seeräuber an der kilikischen Küste zusammengetrieben und sie dann bei Korakesion besiegt. Daraufhin wurde ihm zu Beginn des Jahres 66 v. Chr. auch die weitere Führung des Kampfes gegen Mithradates VI. und Tigranes I. übertragen. Letzterer hatte sich nach seiner Niederlage gegen Lucullus wieder mit Mithradates verbündet. Pompeius setzte weniger auf den Kampf als auf Verhandlungen. Er schloß mit dem parthischen Großkönig Phraates ein Bündnis, das den armenischen König Tigranes neutralisierte. Nachdem Mithradates sich einer einvernehmlichen Lösung auf dem Verhandlungsweg widersetzte, wurden seine Truppen bei einer Stadt, die Pompeius nach dem Sieg Nikopolis (Siegesstadt) nannte, vollständig aufgerieben. Er floh in das Bosporanische Reich.

Erweckte schon die Stadtgründung von Nikopolis den Eindruck, daß Pompeius sich selbst zu einem neuen Alexander dem Großen stilisieren wollte, so verstärkte sich dieser Eindruck noch dadurch, daß ihn Strafaktionen bis an das Kaspische Meer heranführten und er sich sogar nach dem Weg nach Indien erkundigt haben soll. Die weiteren Gründungen von 39 Städten in Syrien und Kleinasien, die ihm nachgesagt werden, tragen dazu bei, ihn als wiedergekehrten Alexander erscheinen zu lassen.

Kleinasien aber wurde durch die vollständige Neuordnung der Verhältnisse an den Grenzen und im Inneren entscheidend geprägt. Diese wurden auf einer Fürstenkonferenz erreicht, die Pompeius im Winter des Jahres 65/4 v. Chr. in Amisos an der Schwarzmeerküste zusammenrief. Der Euphrat wurde als Grenze zu den Parthern durch Klientelkönigtümer bzw. Pufferstaaten, die jenseits des Euphrat in ein Freundschaftsverhältnis zu den Römern aufgenommen wurden, erreicht. Dazu gehörten Armenien, die Sophene, Gordyene und auch die Osrhoene. Auch das diesseits des Euphrat gelegene Kommagene wurde, wie oben schon beschrieben, zwar in innerer Selbständigkeit belassen, war aber in allem anderen von Rom abhängig.

Im Inneren Kleinasiens überlebte das Klientelkönigtum Kappadokien unter seinem König Ariobarzanes. Der Galaterfürst Deiotarus herrschte fortan nicht nur über Galatien, sondern wurde auch als Herrscher über den Osten des ehemaligen Königreiches Pontos eingesetzt. Eine Reihe von Stadtfürsten konnte ihre Herrschaft behaupten, so etwa Tarkondimotos im kilikischen Hierapolis-Kastabala. Restgebiete Paphlagoniens wurden zwischen den lokalen Herrschern Attalos und Pylaimenes aufgeteilt. Dem Priesterstaat, der sich um das Heiligtum der Göttin Ma im kappadokischen Komana gebildet hatte, wurde ebenfalls die Selbständigkeit belassen. Auch die Städte, die sich im lykischen Bund zusammengeschlossen hatten, sowie eine größere Zahl griechischer Städte – wie etwa Sinope und Amisos an der Schwarzmeerküste – konnten ihre alten Rechtspositionen und einen Großteil ihrer Autonomie behalten.

Wichtig war aber ferner, daß nach der Einrichtung der Provinzen Cilicia und Asia nun Bithynia-Pontus als eine Doppelprovinz neu gegründet wurde. So beherrschten die Römer die Westküste, die Südküste und nun mit der Provinz Bithynia-Pontus auch die Nordküste Kleinasiens.

Pompeius hat diese Neuordnung Kleinasiens aus eigener Machtvollkommenheit heraus vorgenommen. Es wäre die Sache des römischen Senates gewesen, über die besiegten Herrscher zu beschließen bzw. die Provinzen neu einzurichten oder zu ordnen. Obwohl alles nach der Rückkehr des Pompeius nach Rom vom Senat abgesegnet worden ist, blieb die Rechtmäßigkeit der neuen Ordnung doch fragwürdig. Im Osten des Imperium Romanum, also in Kleinasien, war ein politischer Flickenteppich entstanden, in dem Griechisches vor allem in den Städten, Hellenistisches vor allem in den Königreichen (Beispiel Kommagene) und eher Einheimisches besonders in Fürstentümern, wie dem des Tarkondimotos, bewahrt blieb – doch der Teppich selbst lag nun auf dem Boden des Imperium Romanum. Anders ausgedrückt waren aus vielen der autonomen und freien griechischen Poleis römische *civitates liberae et immunes* (politisch freie und von Abgabenpflichten freigestellte Gemeinwesen) und aus vielen hellenistischen Fürsten und Königen römische Klientelfürsten oder -könige geworden.

Es versteht sich von selbst, daß damit die Römer in Kleinasien zwar die Herrschaft übernommen hatten, diese aber friedensbewahrend nur dann ausüben konnten, wenn sie Rücksicht auf Traditionen, Gewohnheiten und überkommene Zusammenhänge in der Politik und Administration dieser Region nehmen wollten. Das Lateinische wurde Amtssprache, aber das hellenistische Griechisch blieb weiterhin Verkehrssprache – so blieb der griechische Zeus immerhin ein Zeus und mußte nicht zu einem Iupiter umbenannt werden.

Es war wohl nicht nur Pompeius, der sich, zurückgekehrt aus Kleinasien, wie ein neuer Alexander fühlte; hatte er doch bei seinem Triumphzug im September des Jahres 61 v. Chr. in Rom angeblich sogar den Mantel Alexanders des Großen getragen, den er unter den Schätzen des Mithradates VI. Eupator gefunden haben wollte. Nein, das ganze Imperium Romanum hatte mit der Neuordnung des Ostens und dem Blick über den Euphrat den Weltherrschaftsgedanken des großen Makedonen übernommen.

Caesar – Antonius – Augustus

Die Beibehaltung vieler überkommener Traditionen und politischer Konstellationen in Kleinasien hatte auch zur Folge, daß die Regelungen, die Pompeius getroffen hatte, noch nicht die endgültigen sein konnten. Einige waren auch keineswegs zum Wohle Kleinasiens oder aus Rücksicht auf bestehende Verhältnisse getroffen worden, sondern waren Regelungen, die einzig und allein dem Pompeius nutzen sollten. So wollte er sich wohl auch selbst eine Klientel bzw. eine Gefolgschaft unter den Fürsten, Königen und Organisationen sichern, die er mit Privilegien oder anderen Vergünstigungen bedacht hatte.

Ganz Kleinasien war dadurch aber nur ein Rad – wenn auch ein wichtiges – im Uhrwerk römischer Politik und Geschichte geworden; und ihm wuchs eine besondere Bedeutung zu, da die Parther an der Euphratgrenze des Reiches immer stärker als Gefahr begriffen wurden. Vielleicht bewog der oben bereits angesprochene Weltherrschaftsgedanke auch den reichen und mächtigen römischen Politiker und Feldherrn Crassus, im Jahre 54 v. Chr. gegen die Parther zu Felde zu ziehen; vielleicht wollte er aber auch nur sein Machtgebiet gegenüber seinen beiden Partnern im sogenannten Ersten Triumvirat, Caesar und Pompeius, erweitern, mit denen er sieben Jahre lang die Politik Roms und der antiken Welt bestimmte – jedenfalls erlitt er 53 v. Chr. bei Carrhae eine vernichtende Niederlage. So gab es in Rom nur noch zwei mächtige Männer, deren nun bald aufbrechender blutiger Zwist sich innerhalb weniger Jahre auch auf Kleinasien auswirkte: Nach seiner Niederlage in Pharsalus gegen Caesar im Jahre 48 v. Chr. war Pompeius nach Ägypten geflohen. Dies wirkte in Kleinasien destabilisierend und eröffnete nicht zuletzt den noch verbliebenen, aber unzufriedenen hellenistischen Machthabern die Möglichkeit zu neuem Aufbegehren.

Abb. 5: «Ich kam, sah und siegte», sagte Caesar
nach der Schlacht bei Zela (47 v. Chr.)

Pharnakes, der Sohn des Mithradates VI. Eupator, hatte die Gelegenheit genutzt und, vom Bosporanischen Reich auf der Krim kommend, sich in den Besitz von Kleinarmenien, Pontos, Kappadokien und sogar von Bithynien gebracht. Caesar, der zuerst Pompeius verfolgt und sich nach dessen Ermordung eine Zeitlang in Ägypten aufgehalten hatte, eilte nun über Palästina nach Kleinasien und schlug im Jahre 47 v. Chr. mühelos Pharnakes bei Zela, der alten Residenzstadt der pontischen Herrscher. Nach diesem Sieg entstand Caesars berühmter Ausspruch *veni, vidi, vici* (ich kam, sah und siegte). Die Macht des pontischen Herrscherhauses war mit dieser Niederlage endgültig gebrochen.

Der Prozeß der Romanisierung Kleinasiens wurde durch Caesar vorangetrieben. Hatte Pompeius noch nach hellenistischem Vorbild Städte gegründet, so legte Caesar auf kleinasiatischem Boden römische Bürgerkolonien an. Vier davon sind bekannt geworden, nämlich an den Dardanellen Lampsacus, an der Propontis Apameia und an der Küste des Schwarzen Meeres Sinope und Herakleia Pontike. Sie alle erhielten den Ehrentitel *Colonia Iulia*, da Caesar aus dem Geschlecht der Iulier stammte.

Die der Ermordung Caesars durch eine im wesentlichen planlos agierende Gruppe republikanischer Verschwörer an den Iden des März (15. März) des Jahres 44 v. Chr. folgenden Jahre standen im Imperium Romanum und damit auch in Kleinasien ganz im Zeichen dreier großer Auseinandersetzungen: 1. des Kampfes zwischen Marcus Antonius, der sich als Erbe Caesars fühlte, und Oktavian, dem späteren Augustus, der zum Erben Caesars geworden war, 2. des Kampfes zwischen den Römern und dem letzten verbliebenen hellenistischen Reich der Ptolemäer in Ägypten und 3. des Kampfes der Römer gegen die Parther.

In all diesen Verwicklungen spielte Kleinasien jedoch nur eine passive Rolle. Kleinasien war die Machtbasis des Antonius; hier wurde er in Ephesos schon im Jahre 41 v. Chr. als ‹Neuer Dionysos› – ein griechischer Wein- und Fruchtbarkeitsgott, dessen Kult einst aus dem Orient eingeführt worden war – gefeiert. Im kilikischen Tarsos bezirzte Kleopatra auch zum ersten Mal den Antonius und errang seine Liebe. Kleinasien war nun Rekrutierungs- und Aufmarschgebiet der Legionen des Antonius gegen

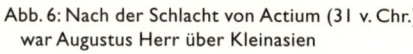

Abb. 6: Nach der Schlacht von Actium (31 v. Chr.)
war Augustus Herr über Kleinasien

die Parther. Die verbliebenen Vasallen huldigten ihm als dem neuen «ungekrönten König des Ostens», um noch einmal Hermann Bengtson zu zitieren. Als Oktavian im Jahre 32 v. Chr. die beiden Konsuln mitsamt 400 Senatoren aus Rom vertrieb, flohen diese nach Ephesos und bildeten dort eine Art Gegensenat, und als es zur großen Auseinandersetzung zwischen Antonius und Oktavian kam, stand der gesamte hellenistische Osten auf Seiten des Antonius. Doch die Seeschlacht von Actium im Jahre 31 v. Chr. machte alle Hoffnungen, die man auf Antonius gesetzt hatte, zunichte. Oktavian war der große Sieger, und auch Ägypten, die letzte große Bastion der hellenistischen Staatenwelt, fiel den Römern zu.

Mit der Aufteilung der Provinzen durch Augustus im Jahre 27 v. Chr. in senatorische und kaiserliche wurden Asia und Bithynia-Pontus zu den befriedeten senatorischen Provinzen geschlagen. Cilicia blieb in der Zuständigkeit des Augustus, der im Jahre 25 v. Chr. dann auch noch Galatia provinzialisierte. Das Klientelkönigreich Kappadokien wurde im Jahre 17 n. Chr. der direkten römischen Verwaltung unterstellt. Erst im Jahre 71/2 n. Chr. erfolgte die endgültige Annexion von Armenien und die endgültige Vereinigung des ehemaligen Königreiches Kommagene mit der Provinz Syria. Damit war ganz Kleinasien nicht nur von den Römern beherrscht, sondern ein zunehmend integrierter Bestandteil des Imperium Romanum geworden.

Zur Kultur- und Religionsgeschichte Kleinasiens

Wenn wir an dieser Stelle über einen Aspekt der Kulturgeschichte Kleinasiens sprechen, so liegt der Grund zum einen darin, daß wir die Frühgeschichte Kleinasiens, die schriftlose Zeit, nur über kulturelle Errungenschaften fassen können – dieser Teil der Geschichte ist also per se eine Kulturgeschichte. Der in diesem Band bereits mehrfach thematisierte Charakter Kleinasiens als der eines Brücken-Landes zwischen den Mächten und Kulturen im Orient und Okzident verstärkt sich für uns, sobald wir auf Schrift- und auf Bildquellen zurückgreifen können, um seine Entwicklung zu studieren. Und wie wir – um im Bild zu bleiben – die Bedeutung einer Brücke erst richtig zu würdigen wissen, wenn wir hinübergegangen sind, so können wir die Bedeutung der Kultur Kleinasiens vielfach erst in ihrer Wirkung in späteren Epochen erfassen. Erst Denkmäler der römischen Zeit geben häufig Auskunft über das, was Kleinasien schon seit der archaischen Zeit (ca. 800–500 v. Chr.) kulturell zur Geschichte der Antike beigetragen hat. Das wird nicht zuletzt deutlich auf dem Gebiet der Religionsgeschichte, und in diesem Kontext erscheinen zwei Themenkomplexe von besonderer Bedeutung, die im folgenden vorgestellt werden.

Kleinasien und der Mithraskult

Der Kult des Gottes Mithras war spätestens seit dem 1. Jh. n. Chr. im gesamten Imperium Romanum verbreitet; es handelte sich dabei um einen von den römischen Kaisern geförderten, aber von den Christen stets abgelehnten und nach dem Aufstieg des Christentums zur Staatsreligion auch verfolgten Mysterienkult. So fiel er der Christianisierung des gesamten Imperium Romanum nach Konstantin dem Großen (306–337 n. Chr.) zum Opfer.

In Kommagene (S. 77 ff.) können wir den Übergang von der Verehrung des Gottes Mithras als einem staatsschützenden und -tragenden Gott zum Mysteriengott beobachten.

Mithras wurde bereits seit dem 2. Jtsd. v. Chr. im Orient verehrt. In den indischen heiligen Büchern, den Veden, ist er unter dem Namen Mitra bekannt und im heiligen Buch der Perser, dem Awesta, unter dem Namen Mithra. In Kleinasien erscheint er im 14. Jh. v. Chr. in einem Vertrag zwischen den Hethitern und den Mittani als Schwurgott. Im persischen Dualismus ist er der Mittler zwischen Gut und Böse, zwischen Himmel und Erde, zwischen Menschen und Göttern. Gerade letztere Funktion macht ihn auch zu einem Gott der Herrschaft. Daß er als ein solcher auch im späten Hellenismus noch verehrt wurde, lassen – wie oben schon angedeutet – seine Darstellungen und Nennungen in Kommagene erkennen. Hier wurde er durch die Mehrfachbenennungen zu einem griechisch-persischen oder besser vielleicht zu einem hellenistisch-persischen Gott, der im Zusammenhang mit dem Königskult Antiochos I. verehrt wurde.

Es sei dahingestellt, ob in diesem Euphratreich bereits der Übergang von der Mithrasverehrung zum Mithrasmysterium erfolgte; dafür gibt es bis heute keinen schlüssigen Nachweis. Aber dort im Osten Kleinasiens haben wir die ersten Hinweise auf eine Sonderstellung des Gottes Mithras dadurch, daß in Kommagene Mithras im Gegensatz zu allen anderen Gottheiten einen eigenen Priester erhielt. Höhlen und Felsgänge, die in späterer Zeit für das Mysterium des Mithras so wichtig waren, finden wir im Zusammenhang mit kultischen Feiern in den Residenzen der kommagenischen Könige, wenn wir sie auch noch nicht eindeutig mit Mithras in Verbindung bringen können. Ein Zusammenhang zwischen Mithras und den Gestirnsreligionen kann zum ersten Mal durch ein anläßlich der Aufnahme des Königs Antiochos I. unter die Götter auf dem Nemrud Daği erstelltes Horoskop ausgemacht werden. Wie die erst vor wenigen Jahren im kommagenischen Doliche gefundenen Mithrasheiligtümer mit Bildern des Mysteriengottes Mithras im Rahmen des obenerwähnten Überganges einzuordnen sind, wird sich wohl erst in Zukunft herausstellen; sie scheinen sich jedoch als wichtige Mosaiksteine zu erweisen, die unser Bild von diesem Gott und seinem Kult vervollständigen helfen.

Die Mithrasmysterien und die damit verbundenen Rituale besagen in aller Kürze (vgl. vor allem den in dieser Reihe erschienenen Band von H. Kloft, Mysterienkulte der Antike. Götter – Menschen – Rituale), daß Mithras der Mittler, wie wir ihn aus Persien kennen, in hellenistisch-römischer Zeit zu Mithras dem Erlöser wird. Mithras wird nicht mehr nur zum Wohle des Staates und der Herrschaft angerufen, sondern er geleitet jeden einzelnen Menschen auf seinem Lebensweg, der durch die verschiedenen Stadien, die mit einer rituellen Einweihung verbunden sind, zur höchsten Erkenntnis und damit zur Erlösung führt.

Der Mithrasdienst wird meist in nachgebildeten Höhlen gefeiert, aus denen die Gläubigen nach einem gemeinsamen Mahl wieder ans Licht des Tages treten, um so zu zeigen, daß Mithras sie durch das Mahl aus dem Dunkel in das Licht der Erlösung führt. Dieses gemeinsame Mahl bezeichnet auch den Höhepunkt des Lebensweges des Mithras, dessen Mythos besagt, daß er aus einem Felsen geboren wurde und eine Reihe von für den Menschen lebenswichtigen Taten vollbrachte. Die größte Tat war sein Kampf mit dem Stier, dem Symbol des irdischen Lebens, den er schließlich töten konnte, aus dessen Blut aber neues Leben entsteht. Dieses Bild der Stiertötung ist das bedeutendste Bild in den Mithrasmysterien, das kanonisch an zentraler Stelle in jedem Heiligtum aufgestellt war. Nach der Tat verzehrt Mithras mit dem Sonnengott Sol, dem Symbol für das immer wiederkehrende Licht, das Fleisch des Stieres bei einem gemeinsamen Mahl. Das wird durch die Mithrasgläubigen in der Höhle in ihrem gemeinsamen Mahl nachgeahmt, um auf diese Weise ebenfalls zum immer wiederkehrenden ewigen Licht zu gelangen.

Der amerikanische Gelehrte Ulansey vermutet mit guten Gründen zwischen dem Kult im kilikischen Tarsos – einer Stadt, die als einzige je das Bild des stiertötenden Mithras auf ihre Münzen geprägt hat – und der Entstehung der Mithrasmysterien einen Zusammenhang; und der Biograph des Pompeius, Plutarch, schreibt, daß die Soldaten des Feldherrn im Zusammenhang mit den Auseinandersetzungen mit den Seeräubern bei den aus der Erde tretenden Feuern im lykischen Olympos (die man übrigens heute noch sehen kann) Rituale gesehen hätten, wie sie noch zu Plutarchs Zeiten, also gegen Ende des 1. Jh. n. Chr., bei den Mithrasgläubigen üblich gewesen seien.

All diese frühen Hinweise auf den Mithraskult verdichteten die mehrfach ausgesprochene Vermutung, daß wohl im 1. Jh. v. Chr. im kleinasiatischen Raum – vielleicht sogar im Osten dieses Raumes – aus der Verehrung des staatstragenden Mithras der Glaube an den jeden einzelnen Menschen erlösenden Mithras wurde. Vielleicht war es die geniale Geistesleistung eines Einzelnen, vielleicht war es die Leistung einer philosophisch-religionsgeschichtlich-astrologisch vorgebildeten Gruppe oder Schule, der wir den Mysterienkult bzw. die Erlösungsreligion des Mithras zu verdanken haben. Das Imperium Romanum war der Boden, auf dem sich der in Kleinasien ausgebildete Glaube ausbreiten konnte.

Die Mutter der Götter aus Kleinasien

Der römische Historiker Titus Livius (59 v. Chr.–17 n. Chr.) schreibt im 29. Buch seiner römischen Geschichte für das Jahr 205 v. Chr.: «*Die Bürgerschaft* [von Rom] *hatte in dieser Zeit eine plötzliche religiöse Erregung befallen, nachdem man, weil es in diesem Jahr häufiger Steine vom Himmel geregnet hatte, die sibyllinischen Bücher eingesehen und in ihnen den Spruch gefunden hatte, wenn ein Feind aus der Fremde den Krieg in das italische Land getragen habe, könne er aus Italien vertrieben und besiegt werden, wenn die Mutter vom Ida aus Pessinus nach Rom gebracht werde.*» Daraufhin wurde eine Gesandtschaft zum pergamenischen König Attalos (S. 82) geschickt und Livius fährt fort: «*Sie kamen nach Pergamon zum König, er nahm die Gesandten freundlich auf, brachte sie nach Pessinus in Phrygien, übergab ihnen den heiligen Stein, von dem die Einwohner sagten, er sei die Mutter der Götter, und forderte sie auf, ihn nach Rom zu bringen*» (Titus Livius, Römische Geschichte. Ab Urbe Condita. Lateinisch und Deutsch, hrsg. v. Hans Jürgen Hillen, Darmstadt o. J.). Die Gesandtschaft tat wie geheißen, und die Göttermutter wurde per Schiff nach Ostia gebracht und von dort in einem pompösen Zug nach Rom, wo ihr auf dem Palatin ein eigener Tempel errichtet wurde, der aber erst im Jahre 195 v. Chr. fertiggestellt wurde.

Doch wen hatten die Gesandten da aus Kleinasien nach Rom gebracht? Es gibt verschiedene Versionen des Mythos um diese Göttermutter aus Pessinus, von denen hier zwei kurz geschildert werden sollen, um ihr hohes Alter und gleichzeitig ihre Bedeutung klarzumachen. Der eine Mythos besagt, daß Maion, der König von Phrygien und Lydien, mit seiner Gemahlin Dindyme eine Tochter gezeugt habe, die er auf einem Berg namens Kybelos aussetzte, wo sie von wilden Tieren ernährt und während ihrer ersten Lebensjahre großgezogen wurde. Hirten aus der Umgebung nahmen das Kind auf und gaben ihr den Namen Kybele nach dem Fundort. Das Mädchen wuchs zu einer schönen und klugen Frau heran, verliebte sich in ihren Landsmann Attis und wurde von ihm schwanger. Gerade zu diesem Zeitpunkt aber beschloß der König, seine Tochter wieder aufzunehmen und fand sie entehrt vor. So ließ er Attis hinrichten und verweigerte dem Toten die Bestattung. Wahnsinnig vor Kummer irrte Kybele durch das Land, das nun von Pest und Hunger heimgesucht wurde. Angesichts des Unheils befragte man ein Orakel, das forderte, Attis zu bestatten und der Kybele göttliche Ehren zu erweisen. Da man Attis Leichnam aber nicht mehr finden konnte, blieb nur, der Kybele einen prächtigen Tempel in Pessinus zu bauen und Attis dort vor seinem Bilde zu beklagen.

Eine zweite, komplizierte Version des Mythos besagt, daß aus einem von Zeus befruchteten Stein einst der androgyne (mann-weibliche) Agdistis entstand, den Bakchos (ein Gott, der häufig mit Dionysos gleichgesetzt wird) im Auftrag der Götter betrunken machte und ihn dann mit den Geschlechtsteilen an einem Baum festband, so daß er sich beim Aufwachen selbst entmannte und zur Frau wurde. An dem Ort der Entmannung sproß ein Mandelbaum auf, von dem die phrygische Prinzessin Nana eine Frucht so in ihrem Schoß barg, daß sie schwanger wurde. Ihr Kind Attis jedoch wurde von ihrem Vater, dem König Sangarios, ausgesetzt. Dennoch wuchs der Knabe zu einem schönen Manne

Abb. 7: Die phrygische
Göttermutter und
ihr Geliebter Attis auf
einem Altar aus Rom

heran, und Agdistis, die nun im Mythos auch Kybele heißt, verliebte sich in ihn. Doch der König von Pessinus, Midas, verheira-
tete den Attis mit seiner Tochter. Die enttäuschte Kybele/Agdistis
verwandelte die Hochzeit in eine solch rasende Orgie, daß sich
nun Attis unter einer Pinie selbst entmannte und starb. Agdi-
stis/Kybele bereute ihre Tat und bat Zeus darum, den Toten wieder zum Leben zu erwecken. Doch Zeus gewährte nur, daß der
Körper des Attis nicht verweste, seine Haare weiter wuchsen und
er seinen kleinen Finger weiter bewegen konnte. Die Göttin
schenkte Attis ein Grab in Pessinus, wo seine Priester ihm fortan
alljährlich eine liturgische Huldigung darbrachten.

Diese beiden Mythen enthalten keinerlei Hinweis darauf, warum die sibyllinischen Bücher ausgerechnet diese Göttin zum
Schutz vor Feinden nach Rom holen sollten, sie erhellen aber,
daß am Ende des 3. Jh. v. Chr. in Kleinasien eine Göttin als Mutter der Götter verehrt wurde. Aus den Jahren 163 bis 156 v. Chr.
ist uns sogar ein Briefwechsel zwischen dem pergamenischen
Königshaus und dem Oberpriester von Pessinus überliefert, in
dem von politischen und militärischen Aktivitäten der Priester-
schaft von Pessinus die Rede ist. Die kultischen Feiern und Prak-
tiken werden dort nicht erwähnt. Sie waren aber wohl dergestalt, daß sie den römischen Vorstellungen von einer Gottheit
sehr fremd waren.

Gerade das Fremdartige muß jedoch einen gewissen Reiz auf
die Bevölkerung in Rom ausgeübt haben, denn als der Senat
sah, daß mit dem Bild der Göttin auch ihre phrygischen Priester

nach Rom gekommen waren, wurde für alle römischen Bürger das Verbot erlassen, an den Kultfeiern zu Ehren der Kybele und des Attis teilzunehmen. Denn die Priester, die als Galloi – nach einem Fluß in Phrygien – bezeichnet wurden, sollen sich bei den orgiastischen Kultfeiern selbst entmannt haben, um ihrem Gotte Attis nachzueifern; d. h. durch die Priester wurde der Mythos im Kult nachgeahmt, und die Verehrung der Gottheiten trat zurück hinter dem Wunsch, es ihnen gleichzutun.

Das Verbot für die römischen Bürger wurde in dem Senatsbeschluß des Jahres 186 v. Chr. über die Teilnahme an den bacchanalischen Mysterienfeiern niedergelegt, der uns inschriftlich überliefert ist. Zu den darin angesprochenen Greueln, die im Zuge der geheimen Teilnahme an den Kulthandlungen stattgefunden haben sollen, gehörte neben verschiedenen Exzessen und Verbrechen wohl auch die Selbstentmannung. Erst Kaiser Claudius hob dieses Verbot wieder auf, so daß sich römische Bürger nun auch offen zur Teilnahme an den Mysterienfeiern der Kybele/Göttermutter bekennen konnten.

Wann allerdings in diesen, nicht durch kleinasiatische Quellen überlieferten Kult das rituelle Stieropfer eingeführt worden ist, das uns mit dem Namen *taurobolium* inschriftlich seit dem Beginn des 2. Jh. n. Chr., inhaltlich aber erst durch den christlichen Schriftsteller Prudentius (348–ca. 405 n. Chr.) überliefert wird, bleibt unbekannt: Für dieses Opfer wurde ein Stier über einer mit durchlöcherten Bohlen bedeckten Grube geschlachtet. Durch die Löcher floß das Blut des Stiers auf die Gläubigen in der Grube herab, die dann über und über mit Blut bedeckt als *renati* (Wiedergeborene) aus der Grube ans Tageslicht zurückkehrten.

Der Stier jedenfalls ist ein zutiefst in der vorderorientalischen und kleinasiatischen Kultur und Religion verwurzeltes Tier. Als Symbol der Stärke, der Zeugungskraft und damit des Lebens wird er zusammen mit vielen Gottheiten verehrt. Ihn zu besiegen und zu töten, um damit neues Leben zu schaffen, war schon das Ziel des Mysteriengottes Mithras, der über Kleinasien seinen Weg in das Imperium Romanum gefunden hat. Ebenso wurde er sicher auch im Kult der Kybele/Göttermutter zum Spender neuen Lebens.

Das kaiserzeitliche Kleinasien

Mit dem Prinzipat des Augustus, d. h. mit der Ablösung der republikanischen durch die monarchisch geprägte Staatsform des römischen Reiches, begann für Kleinasien – wie für die meisten Provinzen des Imperium Romanum – eine Zeit relativer Ruhe. Die Auseinandersetzungen der hellenistischen Mächte untereinander waren vorüber. Auch die Bürgerkriege, die soviel Unruhe und Blutvergießen über den gesamten Mittelmeerraum gebracht hatten, gehörten der Vergangenheit an. Wie für den gesamten weiterhin griechisch-sprechenden Osten des Imperium Romanum so brach auch für Kleinasien die Zeit der Integration in das Reich an. Gleichzeitig galt es, vorhandene Traditionen zu bewahren. Der römische Kaiser hingegen mußte aus der Summe befriedeter Provinzen und Reichsteile ein Ganzes schaffen und dieses Ganze gegen Feinde im Innern und von jenseits der Grenzen schützen.

Bei all diesen Bemühungen spielte Kleinasien eine wichtige Rolle. Wie schon Alexander der Große versucht hatte, die eroberten Gebiete durch die Anerkennung seiner Göttlichkeit auf sich einzuschwören und die Einheit des neugewonnenen Reiches durch Hinwendung aller Bewohner zu seiner Person zu gewährleisten, so versuchte – vielleicht auch aus ähnlichen Beweggründen – als erster römischer Kaiser Augustus (27 v. Chr.–14 n. Chr.) die Göttlichkeit seiner Person und seiner Macht durchzusetzen. Dabei spielten die Städte im Osten des Imperium Romanum eine wichtige Rolle.

Die Städte

Als erste kamen wohl Gesandtschaften aus Ephesos, Pergamon und Nikaia zu Augustus, um ihm die göttliche Verehrung anzutragen. Wie Sueton (geb. ca. 70 n. Chr.), der Biograph des Augustus, zu berichten weiß, war dies bei den Provinzstatthaltern dort bereits üblich. Augustus jedoch machte bemerkenswerte Unterschiede, indem er den in den Städten Nikaia und Ephesos lebenden römischen Bürgern nur eine Verehrung seines Vaters Caesar als Divus Iulius in Verbindung mit der Göttin Roma erlaubte; den in den Städten lebenden Provinzialen, die Augustus Hellenen nannte, gestattete er allerdings, für ihn selbst heilige Bezirke einzurichten. Cassius Dio (ca. 155–235 n. Chr.), der uns in seiner Römischen Geschichte für das Jahr 29 v. Chr. dies beschreibt, hebt dabei hervor, daß Augustus letzteres den Bewohnern der Provinz Bithynien in Nikomedeia und den Bewohnern von Asia in Pergamon erlaubte. Er fährt fort, daß sich dieser Brauch auch unter den folgenden Kaisern nicht nur bei den Hellenen, sondern bei allen den Römern untertanen Völkern fortgesetzt habe.

Zwei Dinge scheinen bei diesem Vorgang beachtenswert. Zum einen hob Augustus hier die Provinzen Bithynien und Asia heraus. Dabei handelte es sich um jene beiden Provinzen, die der Princeps im Jahre 27 v. Chr. dem Senat als einzige befriedete Provinzen in Kleinasien übergeben hatte; gleichwohl blieben sie durch die Erlaubnis, für seine Person heilige Bezirke in Pergamon und Nikomedeia, den beiden Statthalterresidenzen, zu errichten, dennoch mit ihm eng verbunden bzw. durch den Kult an ihn gebunden.

Zum anderen fällt auf, daß Cassius Dio in seiner Beschreibung auf der einen Seite die Städte Ephesos und Nikaia hervorhebt, auf der anderen Seite Pergamon und Nikomedeia bevorzugt. Hier ist – vielleicht von Cassius Dio, der ja erst in der zweiten Hälfte des 2. Jh. n. Chr. seine Römische Geschichte schrieb, aus der Retrospektive betrachtet – ein grundlegendes Problem Kleinasiens angesprochen, das sich durch die ganze Geschichte der Kaiserzeit hindurchziehen sollte: die Rivalität verschiedener Städte. Nicht nur Nikaia und Nikomedeia oder Ephesos und Pergamon stritten sich latent darum, welche von ihnen nun die eigentliche Metropole sei. Der Streit hing meist eng mit dem Problem der Neokorie zusammen. In der Kaiserzeit beantragten verschiedene Städte Kleinasiens beim römischen Senat und beim Kaiser, den Titel ‹Neokorie›, d. h. Schützerin und Bewahrerin

Abb. 8: Der Philhellene Kaiser Hadrian bereiste mehrmals Kleinasien.

des Kaiserkultes bzw. des Kaisertempels, führen zu dürfen. Die Erlaubnis zum Führen dieses Titels mehrte das Prestige der Städte im Wettstreit untereinander, und so bemühten sich die Städte häufig, von mehreren aufeinanderfolgenden Kaisern diese Auszeichnung zu erlangen, was sie dann jeweils auch stolz in öffentlich aufgestellten Inschriften verkündeten. So rühmt sich Pergamon unter Kaiser Caracalla (211–217 n. Chr.) einer dreimaligen Neokorie, während wenig später Ephesos sich unter Kaiser Elagabal (218–222 n. Chr.) sogar zum vierten Mal den Titel Neokorie zulegen durfte. Das bedeutete natürlich auch, daß man drei bzw. vier Kaisertempel in seinen Mauern besaß.

Was die Geschichte Kleinasiens in der Kaiserzeit betrifft, so können wir daraus den Schluß ziehen, daß das Städtewesen und die Beziehungen der Städte untereinander eine besondere Rolle gespielt haben. Das haben auch die einzelnen Kaiser berücksichtigt, indem sie den Städten bzw. der Urbanisierung der Regionen eine große Rolle in ihrer Politik einräumten. Hatte schon Pompeius in alter hellenistischer Manier einige Städte ‹gegründet›, indem er sie wiederaufbaute, ihnen einen neuen Status gab oder sie nach sich selbst benannte (z. B. Pompeiopolis), so hatte Caesar mit der Gründung neuer Kolonien in Kleinasien begonnen – eine Politik, die sein Adoptivsohn Augustus fortsetzte. In solchen Kolonien wurden sowohl verdiente Veteranen als auch andere römische Bürger angesiedelt, d. h. mit Land und neuer Heimat versorgt.

Der Kaiser, der sich besonders der Urbanisierung annahm, war Hadrian (117–138 n. Chr.); er bemühte sich, auf seinen Reisen durch Kleinasien die Probleme des Landes besonders intensiv kennenzulernen. Er gründete unter seinem Namen eine große Zahl von Städten – sei es Hadrianoi, Hadrianeia oder Hadrianutherai – und versah viele mit besonderen Privilegien bzw. unterstützte sie finanziell.

Diese Politik führte aber auch dazu, daß in den römischen Provinzen Kleinasiens Städte mit sehr unterschiedlichem Rechtsstatus nebeneinander existierten. Es gab die alten hellenischen Poleis, die die Römer *civitates* nannten, die frei (*libera*) oder mit einem Bündnisvertrag versehen (*foederata*) oder ohne einen Bündnisvertrag (*sine foedere*) sein konnten. Dazu gab es die *coloniae*, die mit römischem oder latinischem Recht ausgestattet sein konnten.

Trotz dieser Orientierung auf Rom in allen politischen und kulturellen Belangen ist doch eine Förderung gerade der alten, genuin kleinasiatisch-hellenischen urbanen und religiösen Institutionen in Kleinasien zu beobachten. Die römischen Kaiser unterstützten damit aber nicht etwa nach Kräften die Romanisierung, sondern vielmehr die Hellenisierung weiter Teile Anatoliens. Bemerkenswert erscheint dabei vor allem die Wiederbelebung der verschiedenen Vereinigungen wie etwa des Hellenenbundes oder des karischen, des ionischen und des ilischen Städtebundes.

Es war gewiß nicht einfach für die römische Provinzialverwaltung, sich in diesen verschiedenen Traditionen und Rechtsformen zurechtzufinden, wobei gerade das Justizwesen zu den zentralen Aufgabenfeldern des Provinzstatthalters gehörte. Um dieser Aufgabe gerecht zu werden, richtete man – wie Plinius der Ältere im 1. Jh. n. Chr. in seiner Naturgeschichte erwähnt – in der Provinz Asia 13 Gerichtsbezirke – sogenannte *conventus* – ein, die der Statthalter in einer bestimmten Reihenfolge besuchte, um die Rechtsstreitigkeiten der Städte untereinander zu regeln. Solche *conventus* existierten in allen Provinzen Kleinasiens und gehörten zu den wichtigsten Einrichtungen der römischen Provinzialverwaltung. In Bithynien beispielsweise blieb jedoch noch bis in die späte Kaiserzeit jene Ordnung in Kraft, die schon Pompeius dort eingeführt hatte.

All diese unterschiedlichen lokalen Traditionen umschloß in Kleinasien das einigende Band des Kaiserkultes, der in Fortführung des hellenistischen Königskultes sowohl in einzelnen Städten mit eigenen Priestern und Tempeln als auch auf provinzialer Ebene mit eigenen Priestern gefeiert wurde. Die Kaiser selbst stifteten dazu häufig die erforderlichen Gelder oder Gebäude; ja sogar eigene Spiele wurden für solche Feierlichkeiten eingerichtet, die dann als römische Spiele (*Rhomaia*) oder als kaiserliche Spiele (*Sebasteia*) bezeichnet wurden. In diesem Zusammenhang besonders bemerkenswert waren die von Kaiser Hadrian eingeführten Spiele der Panhellenia, die auch in kleinasiatischen Städten gefeiert werden sollten.

Gerade die nebeneinander bestehenden römischen und hellenischen Spiele und Feste veranschaulichen die Vielfalt miteinander konkurrierender römischer Hoheit und hellenischer Tradition.

Kleinasien im Spannungsfeld zwischen Hellenismus und Romanisierung

Die Liste der sieben Weltwunder, die wohl im späten Hellenismus – vielleicht in Kleinasien – entstand und die dann von römischen Schriftstellern wie Strabon (ca. 64 v. Chr.–23 n. Chr.) übernommen wurde, weist ausnahmslos alle Weltwunder im ostgriechischen Raum aus und mithin in dem Raum, der erst im Zuge der hellenistischen Geschichte für die griechisch-römische Antike erschlossen worden ist. Ein römisches Bildungsbürgertum, das sich für das damalige ‹Weltkulturerbe› interessierte und einzelne Monumente besuchen wollte, mußte sich also auf den Weg in den Osten des römischen Reiches machen. Der Weg führte zwangsläufig durch Kleinasien. Dort fanden sich zwei der Wunder, nämlich das Artemision von Ephesos und das Mausoleum von Halikarnassos. Später wurden dann der Hadrianstempel in Kyzikos und in der Spätantike auch noch die Hagia Sophia – Neubau durch Kaiser Justinian 532–537 n. Chr. – in Konstantinopel hinzugezählt.

Aus kulturgeschichtlicher Perspektive verwundert es also nicht, daß sich viele gebildete Römer für Kleinasien interessierten. Die Scipionen verkehrten gern am Attalidenhof in Pergamon, wo – nach Alexandria in Ägypten – eine der größten Bibliotheken der Antike entstanden war. Auch Cicero (106–43 v. Chr.), der einst Statthalter in Cilicia gewesen war und dessen Bruder Quintus dieses Amt in Asia innehatte, beschäftigte sich intensiv mit Kleinasien; nicht zuletzt deswegen konnte er seinem Bruder in dem berühmten Briefwechsel gute Ratschläge für seine Amtsführung geben. Er empfahl ihm den Umgang mit den gebildeten Griechen in Kleinasien, während er für die einheimischen Kleinasiaten (gemeint sind Phryger, Myser, Karer und Lyder) nur Geringschätzung übrig hatte.

Auch der römische Geograph Strabon, der aus Amaseia in Kleinasien stammte, hob um die Zeitenwende in seiner Beschreibung der damaligen Oikumene die besondere Bedeutung kleinasiatischer Städte hervor, besonders natürlich jene von Ilion/Troia, aus der dem Mythos nach einst Aeneas mit seiner Familie und einigen Troianern geflüchtet war, um zum Ahnherrn des römischen Volkes zu werden.

Die Kultur- und Geisteswelt des städtischen Kleinasien war es, die – beeinflußt durch den Hellenismus und geprägt durch das Griechentum – die Römer beeindruckte. Diese zu bewahren, zu fördern und für sich nutzbar zu machen, war Ziel der römischen Eliten. Die hellenistische Gesellschaft und Kultur, die im Spannungsfeld zwischen territorialer Herrschaft und städtischer Autonomie und Freiheit aufgeblüht war, galt es im neuen Spannungsfeld zwischen kaiserlicher, provinzialer Herrschaft und überkommener städtischer Autonomie und Freiheit zu pflegen. In diesem Bemühen lag die Triebfeder für den kaiserlichen Philhellenismus, wie auch für die Auseinandersetzung kleinasiatischer Redner und Intellektueller mit dem römischen Kaisertum.

Findet sich bei Kaiser Nero (54–67 n. Chr.) ein bizarr übersteigerter Philhellenismus, so scheint diese Geisteshaltung in harmonischer Form ihren Höhepunkt bei Kaiser Hadrian (117–138 n. Chr.) und den nachfolgenden antoninischen Herrschern (138–180 n. Chr.) zu erreichen. Hadrian nutzte Kleinasien nicht nur als Brücke, um seine Truppenbesuche im ferneren Osten des Reiches durchzuführen oder auf seinem Weg zu den Auseinandersetzungen mit den aufständischen Juden; er hat vielmehr Kleinasien wohl dreimal besucht und bewußt intensiv gefördert. Die Gründung der bereits erwähnten Städte, die Einrichtung der Hadrianeia – Spielen zu seinen Ehren –, die Stiftung und Förderung von Tempeln – wie des oben schon er-

wähnten Tempels in Kyzikos –, die vielen Gebäudestiftungen
und Geldspenden und auch die Förderung der Museia in Ephesos und Smyrna legen beredtes Zeugnis von seiner Liebe zum
hellenistisch geprägten Kleinasien ab. Die Bewohner Kleinasiens haben es ihm mit einer große Zahl an Ehrungen in Gestalt von Denkmälern, Inschriften und Tempeln vergolten.

Unter seinen Nachfolgern – den antoninischen Kaisern – erreichen in Rom Hellenismus und Philhellenismus ihre Hoch-
blüte. Auf der anderen Seite findet in dieser Zeit auch die Rom-
begeisterung kleinasiatischer Hellenen ihren Höhepunkt. Berühmt wurde die «Romrede» des Aelius Aristides (117–187
n. Chr.), der, im mysischen Hadrianoi geboren, ein Schüler des
Herodes Atticus war und auf seinen vielen Reisen fast das gesamte Imperium Romanum kennengelernt hatte. In dieser Rede,
wohl 143 n. Chr. gehalten, wurde die ganze Kraft griechisch-
hellenistischer Bildung darauf verwendet, Rom, die römische
Macht und das Kaisertum der antoninischen Zeit zu preisen.
Man war dankbar für die Friedensperiode, die nun schon lange
in Kleinasien währte, und man wußte, daß nur die einigende
Kraft des Imperium Romanum diese ermöglicht hatte.

Damals entstand aus der Feder des Historikers Arrian aus Nikomedeia (ca. 95–175 n. Chr.) die bis heute erhaltene, bedeutende Geschichte der Taten Alexanders des Großen. Ihr Autor
war unter Hadrian Legat in Kappadokien gewesen und hat sein
Werk wohl unter dem Eindruck jener Erfahrungen geschaffen,
die er in diesem Amt sammeln konnte.

Bis zum Beginn des 3. Jh. n. Chr. war die römische Kaiserzeit
eine Zeit der Ruhe und des Friedens, in der in Kleinasien die
hellenistische Kultur weiter blühen und breiten Schichten im gesamten Imperium vermittelt werden konnte. Von Kleinasien
selbst ging kein Krieg mehr aus, doch es war eine Region, die
immer wieder berührt wurde von den militärischen Auseinandersetzungen der Römer mit den Parthern und ihren Nachfolgern.

Parther – Sasaniden – Goten
und die Krise des 3. Jh. n. Chr.

Der Euphrat war seit dem Ende des 2. Jh. v. Chr. die Grenze zwischen dem Interessengebiet der Römer und der Parther. Seit der Neuordnung des Ostens durch Pompeius waren einige Pufferstaaten jenseits des Euphrat zwischen römischem Reich und Partherreich installiert worden. Crassus hatte 63 v. Chr. – wie bereits erwähnt – eine schimpfliche Niederlage gegen die Parther erlitten und sogar die Symbole römischer Militärmacht, die Legionsfeldzeichen, verloren, die erst Augustus in langen Friedensverhandlungen mit den Parthern 20 v. Chr. nach Rom zurückholen konnte. Die Auseinandersetzungen der Kaiserzeit konzentrierten sich nun vor allem auf das zwischen Parthern und Römern hin und her gerissene Armenien. Kaiser Traian (98–117 n. Chr.) bereitete ihnen ein vorläufiges Ende durch seinen Sieg über die Parther (113 n. Chr.), in dessen Folge die Provinzen Armenia, Assyria und Mesopotamia jenseits des Euphrat eingerichtet wurden.

Der Euphrat war damit kein Grenzfluß mehr und das Imperium Romanum hatte die größte Ausdehnung seiner Geschichte erreicht. Der Zustand währte jedoch nicht lange, denn die Parther besetzten bald nicht nur Syrien und Armenien, sondern drangen sogar nach Kappadokien ein. Kaiser Marc Aurel (161–180 n. Chr.) besiegte sie zwar, eine Seuche in seinem Heer (die Pest?) zwang ihn jedoch 166 n. Chr. zum Friedensschluß und zur Rückkehr nach Rom. Da das Heer über die große Straße, die durch Kappadokien, über Ancyra, durch Bithynien und dann entweder über den Bosporus entlang der Via Egnatia nach Dyrrhachium führte, und von dort aus per Schiff nach Rom segelte oder von Bithynien durch Mysien und die Troas nach Alexandria Troas zog und von dort per Schiff nach Italien fuhr, wurde natürlich auch Kleinasien von dieser Seuche besonders heimgesucht.

Die für Kleinasien folgenschwersten Ereignisse jenseits des Euphrat setzten freilich erst ein, nachdem das Sasanidische Herrschergeschlecht im Partherreich die Macht übernommen hatte. Die dauernden Grenzstreitigkeiten, die alle Kaiser des

3. Jh. n. Chr. beschäftigten, fanden ihren Höhepunkt im Sieg des Sasaniden Sapor über Kaiser Valerian bei Edessa (heute Urfa) im Jahre 260 n. Chr., bei dem der Kaiser in sasanidische Gefangenschaft geriet. 298 n. Chr. gelang Kaiser Galerius schließlich ein Sieg, der zu einem fast 40jährigen Frieden führte.

Kleinasien war zwar nicht Schauplatz dieser Kriege und Auseinandersetzungen, die Jahrhunderte anhielten, es war aber immer als Aufmarschgebiet der Truppen, als Rekrutierungs- und Bereitstellungsgebiet für den Nachschub betroffen. Nicht nur berührt, sondern direkt betroffen wurde Kleinasien von den um die Mitte des 3. Jh. n. Chr. einsetzenden Einfällen der germanischen Stämme, die von der Balkanhalbinsel und aus den Gebieten nördlich des Schwarzen Meeres immer wieder in Griechenland und Kleinasien eindrangen. Dabei handelte es sich eher um Raub- als um Eroberungszüge, dennoch versetzten sie die Bevölkerung – beispielsweise um das Jahr 256 n. Chr. die Einwohner der bithynischen Städte Nikomedeia, Nikaia und Prusa – in Angst und Schrecken. Die in dieser Zeit errichteten starken Mauern der Stadt Nikaia sprechen eine deutliche Sprache und künden von der Furcht, die diese Heerscharen verbreiteten. Einige Jahre später fallen die Goten, über die Dardanellen kommend, in die Troas und nach Phrygien und Lydien ein. Selbst Milet verstärkt in dieser Zeit zum Schutz vor den Eindringlingen seine Mauern.

Die Gefahren, die dem Römischen Reich von außen drohten, und die damit verbundene notwendige Aufrüstung des Heeres sowie die Stärkung des Militärs insgesamt waren wichtige Gründe für die Krise des Imperium Romanum im 3. Jh. n. Chr. Der Mehrbedarf an Geld war wohl auch die tiefere Ursache für viele Veränderungen, die im gesamten Imperium Romanum vorgenommen wurden und welche die reichen Bewohner und Städte Kleinasiens besonders betrafen.

Abb. 9: Kaiser Caracalla erklärte auch alle Kleinasiaten zu römischen Bürgern.

Die gravierendste Veränderung hatte bereits Kaiser Caracalla (211–217 n. Chr.) mit der sogenannten *constitutio Antoniniana* eingeführt, als er allen freien Reichsbewohnern das römische Bürgerrecht gewährte. Römischer Bürger zu werden, war lange Zeit eines der begehrtesten Ziele auch der kleinasiatischen Reichsbewohner gewesen; nun diente diese Gewährung aber nicht der Befriedigung eines solchen Wunsches, sondern hatte eher fiskalische Gründe: Jeder war künftig nicht mehr nur seiner Heimatstadt in Kleinasien, sondern auch Rom gegenüber steuerpflichtig. Das schuf zwar eine Gleichheit aller Reichsbewohner, machte aber die meisten nun auch ärmer.

In der *constitutio*, die auf einem Papyrus erhalten ist, der sich heute in Gießen befindet, führte Kaiser Caracalla als Grund für die Gewährung des Bürgerrechtes freilich keineswegs steuerliche Gründe an, sondern äußerte, daß er mit diesem Edikt den römischen Göttern neue Verehrer zuführen wolle. Dahinter mag man immerhin auch den Gedanken erkennen, daß die allen Reichsbewohnern gemeinsame Verehrung der römischen Götter – gemeint waren damit die alten römischen Götter, nicht etwa die aus Kleinasien stammende Mater Deorum (die Göttermutter Kybele) oder andere hellenistisch-römische Gottheiten – geeignet war, zur Einheit des riesigen Reiches beizutragen.

Einen Versuch ganz anderer Art, die Götter und ihren Kult als Ausweg aus der Krise einzusetzen, machte der Nachfolger Caracallas, der Kaiser Elagabal (218–222 n. Chr.). Da er aus Syrien gebürtig war und einer Priesterfamilie des höchsten Gottes von Emesa, des Elagabal, entstammte, versuchte er, diesen orientalischen Gott als Reichsgott zu propagieren und alle anderen Götter ihm unterzuordnen – ein bizarrer Versuch, der, wie der Kaiser selbst, bald zum Scheitern verurteilt war.

Den Grundgedanken Caracallas griff im Jahre 250 n. Chr. Kaiser Decius (249–251 n. Chr.) wieder auf, als er ein entsprechendes Opferedikt erließ. Damit wollte er alle Reichsbewohner zwingen, vor dem Kaiserbilde zu opfern und sich das Opfer auch von Zeugen bestätigen zu lassen. Dieser eher verzweifelte Versuch eines Kaisers, sich bzw. den Kaiser überhaupt zur Identifikationsfigur für alle Bewohner des Imperium Romanum zu machen, war sicher als religiös-politisches Mittel gedacht, nicht aber allein als Kampfansage an die Christen, die solch einem Ansinnen wegen ihres Glaubensgrundsatzes, der Vielgötterei verbot, natürlich nicht nachkommen konnten.

Auch Kaiser Aurelian (270–275 n. Chr.) versuchte nach seinem Feldzug gegen Palmyra, der ihn durch Kleinasien nach Syrien führte, den Sonnengott unter dem Namen Sol invictus (die unbesiegbare Sonne) als römischen Reichsgott einzuführen. Dieser Sonnengott trug Züge des römischen Sol, des griechischen Helios, des persischen Mithras und der Sonnengötter von Palmyra und Emesa. Durch die Zusammenführung der verschiedenen Aspekte der Sonnengötter in einem Sol invictus glaubte Aurelian, die Einheit des römischen Reiches aufrechterhalten zu können. Auch dieser Versuch mißlang. Dennoch zeigen all diese Krisenbewältigungsansätze, daß Gottheiten und ihre Kulte aus dem Orient – für die Kleinasien schon immer Mittler war – als wichtige Institutionen zur Überwindung der Schwierigkeiten angesehen wurden.

Auch für die Entstehung des Christentums, für seine Verbreitung und letztlich für seinen Sieg über die anderen Götter im gesamten Imperium Romanum ist Kleinasien von besonderer Bedeutung. Darauf soll im folgenden Kapitel kurz eingegangen werden.

Das Christentum

Der Apostel Paulus, geboren um die Zeitenwende und in den Jahren 32/3 n. Chr. zum Glauben an den wenige Jahre zuvor in Jerusalem gekreuzigten Jesus bekehrt, gilt vielen Forschern als der eigentliche Gründer des Christentums. Er lebte in Tarsos, der bedeutendsten Stadt an der östlichen Südküste Kleinasiens, der Residenz des römischen Statthalters von Cilicia. Er war Jude und römischer Bürger, sprach mehrere Sprachen – darunter sicher Aramäisch, Griechisch und Latein – und gehörte zum hellenistisch geprägten Bildungsbürgertum seiner Heimatstadt.

Als erster nahm er den Missionsauftrag des Juden Jesus von Nazareth, der auch Christus (der Gesalbte) genannt wurde, wahr und trug die Lehre über die Grenzen des Judentums hinaus. Da-

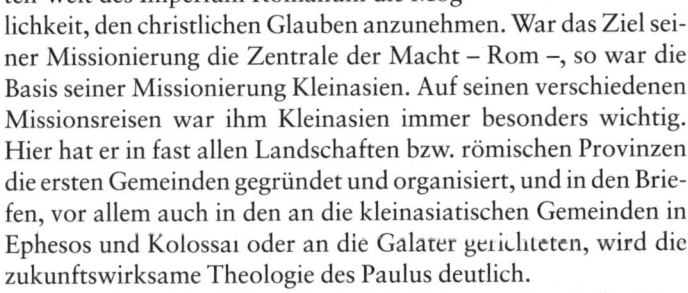

Abb. 10: Paulus aus Tarsos verkündete zuerst das Christentum in Kleinasien.

bei war es sein größtes Verdienst, daß auch Heiden Christen werden konnten, ohne daß sie den jüdischen Glaubensgesetzen unterworfen wurden. Erst damit eröffnete er der gesamten Welt des Imperium Romanum die Möglichkeit, den christlichen Glauben anzunehmen. War das Ziel seiner Missionierung die Zentrale der Macht – Rom –, so war die Basis seiner Missionierung Kleinasien. Auf seinen verschiedenen Missionsreisen war ihm Kleinasien immer besonders wichtig. Hier hat er in fast allen Landschaften bzw. römischen Provinzen die ersten Gemeinden gegründet und organisiert, und in den Briefen, vor allem auch in den an die kleinasiatischen Gemeinden in Ephesos und Kolossai oder an die Galater gerichteten, wird die zukunftswirksame Theologie des Paulus deutlich.

Der Aufstand der Silberschmiede in Ephesos, die mit der Herstellung und dem Verkauf der kleinen Artemis-Silbervotive am großen Artemistempel ihr Geld verdienten und die durch die Zahl und die Tätigkeit der Christen schon in paulinischer Zeit ihre Verdienstmöglichkeiten gefährdet sahen, ist ein eindrucksvolles Beispiel für die – nicht zuletzt durch Paulus bewirkte – rasche und intensive Ausbreitung des Christentums.

Als im Jahre 112 n. Chr. der Legat Plinius der Jüngere von Kaiser Traian in die Provinz Bithynia-Pontus geschickt wurde, waren dort die vielen Christen bzw. christlichen Gemeinden zu einem Problem geworden: Sie weigerten sich, den Kaisereid zu leisten, sie nahmen nicht am Staatskult teil und – was in diesem Fall am schlimmsten war – sie bildeten eine Vereinigung, deren Zweck für den römischen Staat nicht durchschaubar war und die daher unter das sogenannte Hetairienverbot fiel, ein Verbot von Zuammenkünften, hinter denen man einen umstürzlerischen Charakter vermutete.

Es häuften sich gerade in der Zeit der Vorbereitung des Partherkrieges durch Traian die Anzeigen gegen Christen in dieser

Provinz, und es scheint noch keine einheitliche Gesetzgebung gegeben zu haben, wie man mit solchen Anzeigen und ihren Begründungen umzugehen habe. So erklärt sich die Anfrage des Plinius an den Kaiser, was vor allem er mit anonymen Anzeigen tun solle. Offenbar waren in Bithynien die Probleme mit dieser Glaubensrichtung schon so groß geworden, daß die bloße Angabe, jemand sei Christ, bereits als Strafanzeige gewertet wurde, aufgrund derer eine Anklage erhoben werden konnte. Nicht nur Provinziale – Bewohner der Provinz ohne römisches Bürgerrecht –, sondern sogar römische Bürger, die in Bithynien lebten, scheinen damals bereits in größerer Zahl zum christlichen Glauben übergetreten zu sein.

Ähnlich verhielt es sich wohl auch in der Provinz Asia, denn im Jahre 124/5 n. Chr. erteilte Kaiser Hadrian dem damaligen Statthalter Minicius Fundanus auf dessen Anfrage hin (die wir leider im Wortlaut nicht kennen) die Weisung, gegen die Christen streng nach den Gesetzen vorzugehen. Also hatten auch dort die Christen bereits Probleme bereitet.

Das Interesse der Öffentlichkeit am Christentum, das sich also schon sehr früh in Kleinasien zeigt, wird auch darin erkennbar, daß eine Reihe von Schriften, von denen etwa das Johannesevangelium kanonisch wurde, in Kleinasien verfaßt worden sein sollen. Ja, eine Tradition besagt sogar, daß die Mutter Jesu, Maria, mit dem Jünger Johannes nach Ephesos gekommen und auch dort gestorben sein soll. Das Haus der Maria wird heute noch den Besuchern nahe Ephesos gezeigt. Ob das wahr oder fromme Legende ist, tritt in seiner Bedeutung hinter dem Faktum zurück, daß Kleinasien eine unübersehbar bedeutende Rolle in der Frühgeschichte des Christentums spielte.

Auch wichtige häretische Bewegungen (Glaubensspaltungen) nahmen in Kleinasien ihren Anfang, so die im gesamten griechisch-hellenistischen Raum bekannte Bewegung des Gnostizismus oder einfacher der Gnosis, die den Christen schon früh dadurch Probleme bereitete, daß ihre Anhänger Erkenntnis auch aus anderen Quellen als den kanonischen Schriften und dem Glauben gewinnen wollten. Zu diesen kleinasiatisch geprägten häretischen Glaubensrichtungen gehört auch die des Kerinthos, der um 100 n. Chr. in Ephesos lehrte, daß Jesus nur ein Mensch war, auf den bei der Taufe der Geist Gottes herabgekommen sei.

Auch Markion stammte aus Kleinasien, der in der Mitte des 2. Jh. n. Chr. in Rom lehrte, daß der Schöpfergott ein anderer sei als der Gott der Liebe, der sich in Christus offenbart hatte. Gegen ihn trat unter anderem der damalige Bischof von Smyrna, Polykarp, auf, der später als 80jähriger unter Kaiser Marc Aurel in Rom das Martyrium erlitten hat.

Ein Phryger namens Montanus galt mit seinen Vorstellungen vom Gottesstaat der Montanisten, den er in der zweiten Hälfte des 2. Jh. n. Chr. im phrygischen Pepousa gründete, ebenfalls als kleinasiatischer Häretiker und ging als solcher in die Kirchengeschichte ein. Seine Bewegung war in Phrygien geradezu zu einer Volksbewegung geworden.

Mochte das Ringen um das Seelenheil auch in allerlei mehr oder weniger christlichen Spielarten auftreten, so machen sie doch deutlich, daß die christliche Bewegung in Kleinasien besonderen Anklang gefunden hatte. Wir können zwar die Zahl der Gläubigen nicht genau beziffern, aber wenn wir August Franzens Überlegungen folgen, die er in seiner «Kleinen Kirchengeschichte» äußert, so betrug die Zahl der Christen im gesamten Osten des Imperium Romanum um 300 n. Chr. etwa 5 bis 6 Millionen. Das seien, so Franzen, fast dreimal soviel gewesen wie im Westen.

Angesichts solcher Zahlen ist es nicht verwunderlich, daß zu Zeiten Konstantins des Großen «der Kampf um den Osten», wie Manfred Clauss ein Kapitel seines Bandes über diesen Herrscher nennt, ein Kampf um die und mit den Christen gewesen ist. Das alles wurde aber erst notwendig und möglich durch Kaiser Diokletian, der als erster nachdrücklich versuchte, der Krise des 3. Jh. n. Chr. Herr zu werden.

Kaiser Diokletian und die Neuordnung Kleinasiens

Die Krise des 3. Jh. n. Chr. im Imperium Romanum brachte natürlich auch für Kleinasien einschneidende Veränderungen mit sich. Zum einen hatte sich der Rechtsstatus aller Bewohner da-

Abb. 11: Unter Kaiser Diokletian wurde auch Kleinasien völlig neu geordnet.

hingehend geändert, daß durch die (oben schon erwähnte) *constitutio Antoniniana* alle freien Bewohner römische Bürger geworden und durch das Opferedikt des Decius alle Bürger auf den Kaiser und die römischen Götter eingeschworen waren. Zum anderen waren durch die Sasaniden und die von Norden und Nordwesten eindringenden Goten bzw. durch die Kriege gegen sie gerade die Landbewohner in Kleinasien durch immer neue Rekrutierungen und steuerliche Lasten verarmt. Auch spielte das Heer in der Politik des Imperium Romanum eine immer größere Rolle. Fast alle Kaiser des 3. Jh. n. Chr. waren als Offiziere im Heer aufgestiegen und von diesem zum Kaiser ausgerufen worden.

So war auch Diokletian im Jahre 284 n. Chr. im bithynischen Nikomedeia von den Truppen zum neuen Augustus ausgerufen worden. Mit seiner Herrschaft (284–305 n. Chr.) verbindet sich der Beginn einer grundlegenden Neuordnung des Imperium Romanum. Eine der Neuerungen war die Einführung der Tetrarchie, durch welche die kaiserlichen Aufgaben auf acht Schultern gelegt wurden, auf die von zwei Augusti (Hauptkaisern) und zwei Caesaren (Nebenkaisern). Augustus mit dem Zuständigkeitsbereich im Osten blieb Diokletian, und Galerius wurde von ihm als Caesar adoptiert. Nikomedeia (das heutige Izmit) war die Residenz des Augustus, während der Caesar des Ostens, Galerius, in Sirmium und Thessaloniki residierte. Rom behielt zu diesem Zeitpunkt zwar die Würde der Hauptstadt des Imperium Romanum, Zentren der Macht und kaiserlichen Verwaltung waren jedoch die jeweiligen Residenzen der Augusti und Caesaren; im Westen regierten als zweiter Augustus Maximian und als zweiter Caesar Constantius I.

Auf die Neuverteilung der Macht folgte bald auch die Neugliederung der Provinzen. Aus den bisherigen 50 Provinzen des Imperium Romanum wurden bis zum Beginn des 4. Jh. n. Chr.

etwa 100, die wiederum – und das war völlig neu – 12 Diözesen unterstellt waren. Von diesen lagen allein in Kleinasien 3, die von einem *vicarius* verwaltet wurden. Es waren die Diözese Oriens mit der Hauptstadt Antiochia, die Diözese Pontica mit der Hauptstadt Nikomedeia und die Diözese Asiana mit der Hauptstadt Ephesos. Den drei Diözesen wiederum unterstanden zusammen 20 Provinzen, von denen jede einzelne in selbstverwaltete Städte = *civitates* untergliedert war.

Mit diesen großen Umwälzungen ging eine Heeresreform einher, in deren Folge nun auch vor allem Barbaren rekrutiert und besonderer Wert auf Grenzsicherung und eine mobile Feldarmee gelegt wurde. Eine Währungsreform, eine Steuerreform und der sog. Maximaltarif sollten die wirtschaftlichen Verhältnisse im Reich verbessern. Vor allem aber wurde auch von Diokletian nach Schuldigen für die das 3. Jh. n. Chr. durchwaltende Misere gesucht. Kaiser Caracalla hatte mit seiner *constitutio Antoniniana* schon die Verehrung der alten römischen Götter in den Vordergrund der Provinzialpolitik gestellt. Auch Decius ging es vorrangig um die Erneuerung der römischen Staatsreligion, deren Vernachlässigung für ihn die Wurzel allen Übels war. Diesem schloß sich nun Diokletian an, indem er in den Christen die eigentlichen Gegner der Erneuerung der alten römischen Religion erkannte. Um die Christen zur römischen Staatsreligion zurückzuführen, wurde 303 n. Chr. ein großes Edikt in Nikomedeia erlassen: Einer der äußeren Anlässe für diese Anordnung der wohl schlimmsten aller Verfolgungen der Christen mag – wenn wir Laktanz glauben können – gewesen sein, daß die von Priestern durchgeführte rituelle Eingeweideschau bei Tieren den Kaiser nicht mehr zufriedenstellte. Dafür wurde den Christen die Schuld gegeben, und sie wurden aller ihrer Ämter und Würden beraubt und grausam verfolgt und gequält. Straferlaß und Gnade gab es nur für diejenigen, die vor dem Kaiserbilde wie zu Zeiten des Decius opferten. Die Weigerung der meisten Christen und ein Palastbrand in der Residenz, der ebenfalls den Christen zur Last gelegt wurde, führten zu weiteren Erlassen, die nun bald nicht nur den Osten, sondern das ganze Reich betrafen. Kirchen wurden zerstört, Schriften verbrannt und christliche Würdenträger eingesperrt. Sowohl der spätere Biograph des Kaisers Konstantin des Großen, Eusebios, als auch dessen Zeitgenosse Laktanz, der sich in konstantinischer Zeit intensiv mit den Verfolgungen und den «Todesarten der Verfolger» auseinandergesetzt hat, waren in Nikomedeia Augenzeugen der Christenverfolgungen, die auch nicht nachließen, als im Jahre 305 n. Chr. Diokletian von seinem Amt als Augustus zurücktrat und es dem Galerius, der bislang als sein Caesar amtiert hatte, übergab. Dieser konnte im Osten des Reiches die großen Verfolgungen erst durch sein 311 n. Chr. erlassenes Toleranzedikt eindämmen.

Konstantin der Große und die Gründung von Konstantinopel

Als Constantius Chlorus, der Augustus des Westens, im Juli 306 n. Chr. starb, wurde sein Sohn Konstantin vom Heer zum neuen Augustus ausgerufen. Die Idee der Tetrarchie, daß ein Caesar dem Augustus auf den Thron folgt, war damit dahin und das dynastische Prinzip zu neuem Leben erweckt. Als auch der Sohn des Maximianus in Rom, Maxentius, sich zum neuen Augustus ausrufen ließ, waren die inneren Auseinandersetzungen bis zum Jahre 312 n. Chr. vorprogrammiert.

In diesem Jahr aber gelang es Konstantin, seinen usurpatorischen Kontrahenten Maxentius an der Milvischen Brücke vor Rom zu schlagen. Damit begann sein unaufhaltsamer Aufstieg zum Alleinherrscher, der hier nicht im einzelnen nachgezeichnet werden kann, der aber starke Wurzeln in den Verhältnissen Kleinasiens hat. Dort vermochte Licinius, seit 308 n. Chr. ebenfalls Augustus, im Jahre 313 n. Chr. Maximinus Daia in der Schlacht von Adrianopel (dem heutigen Edirne an der türkisch-bulgarischen Grenze) zu besiegen und dadurch Herr über Kleinasien zu werden.

Im Jahre 323 n. Chr. gab es nur noch zwei Augusti, nämlich Konstantin und Licinius. Als Konstantin im Kampf gegen die Goten die Hoheitsrechte des Licinius im Osten nicht achtete, kam es 324 n. Chr. zur Schlacht zwischen beiden – neuerlich bei

Adrianopel –, in der Konstantin siegte. Licinius zog sich nach Byzanz zurück, wo er von Konstantin längere Zeit belagert wurde. Nachdem Konstantins Sohn Crispus die Flotte des Licinius in den Dardanellen und im Marmarameer geschlagen hatte, floh Licinius auf die asiatische Seite des Bosporus, Konstantin konnte ihm folgen und ihn dort bei Chrysopolis (dem heutigen Istanbuler Stadtteil Üsküdar) vernichtend schlagen. Konstantin war nun Alleinherrscher und konnte seine Christianisierungspolitik, die er im Westen schon begonnen hatte, auch im Osten des Imperium Romanum fortsetzen.

Da dieser Osten aber über drei Kapitalen der Christenheit verfügte – nämlich Alexandria, Jerusalem und Antiochia (dem heutigen Antakya) – und zudem auch die meisten Episkopate hatte, war es nur natürlich, daß für Synoden und Konzilien seit dieser Zeit vor allem kleinasiatische Städte genutzt wurden. Sie boten unter anderem für die meisten der Teilnehmer die Annehmlichkeit der kürzesten Anreise. Im Zusammenhang dieser frühen Konzilien in Kleinasien ist besonders jenes erste kirchliche Konzil zu erwähnen, das von Konstantin 325 n. Chr. in Nicaea (dem heutigen Iznik) einberufen wurde. Hier entstand das bis heute gültige und in der Liturgie stets aufs neue bekräftigte Glaubensbekenntnis der Christenheit und die Lehre von der Homoousie, der Wesenseinheit von Christus und Gottvater.

Die gerade aus den nordafrikanisch-ägyptischen Gemeinden herrührenden Probleme, die zum arianischen Streit über die Frage des Wesensverhältnisses von Christus zu Gottvater oder zum Donatistenstreit über die wirksame Spende von Sakramenten durch Geistliche, die während der Christenverfolgung schwach geworden waren, führten, wurden auf der Völkerbrücke Kleinasien gelöst, und zwar in den Konzilien Antiochia und Nicaea. Ob es die Erkenntnis der Wichtigkeit dieser in politischer, religiöser und kultureller Hinsicht bedeutenden Völkerbrücke gewesen ist, die Konstantin bewogen hat, in Byzanz, an der Nahtstelle zwischen Europa und Asien, seine neue Hauptstadt Konstantinopel zu gründen, sei dahingestellt. Einer seiner Biographen behauptet immerhin später einmal, daß Konstantin zuerst daran gedacht habe, einen anderen Ort für die neue Hauptstadt auszu-

Abb. 12: Konstantin der Große machte
Konstantinopel zu seiner neuen Hauptstadt.

wählen, nämlich Alexandria Troas am
Eingang der Dardanellen. Diese Stadt
war nicht nur einer der wichtigsten
Übergänge von Europa nach Asien und
somit auch eine Nahtstelle besonderer
Art, sondern war zudem als Nachfolgesied-
lung von Troja/Ilion mit der Gründung Roms durch Aeneas eng
verbunden.

Was letztlich den Ausschlag für die Entscheidung Konstantins
gegeben haben mag, ist uns nirgendwo schriftlich überliefert.
Die Gründung Konstantinopels nach dem Vorbild hellenistischer Herrscher unter dem eigenen Namen ist die folgenreichste
Entscheidung der Spätantike gewesen, die der Kaiser am
11. Mai des Jahres 330 n. Chr. umsetzte, als er sein «Neues
Rom», wie er es selbst nannte, einweihte. Er löste mit dieser
Entscheidung Nikomedeia als Residenzstadt des einst im Osten
regierenden Augustus ab. Das neu gegründete Konstantinopel
sollte aber nicht nur Residenz, sondern vor allem auch Verwal-
tungszentrum werden. Dazu richtete der Kaiser nach dem Vorbild Roms einen Senat ein, in den er die Senatoren aus Rom zu
locken versuchte, die ihm trotz seiner vielen Versprechungen
allerdings nicht folgten.

Mit der Errichtung der Porphyrsäule auf dem nach ihm be-
nannten Forum, auf deren Spitze sich eine Statue des Kaisers als
Sonnengott erhob, knüpfte er an Traditionen des 3. Jh. n. Chr.
an, in denen sich die Kaiser als Sol invictus (unbesiegbare Sonne) feiern ließen. Gleichzeitig wurden aber in die Basis dieser
Säule christliche Reliquien eingebracht. Konstantin ließ einen
Tempel der Tyche – der guten Schicksalsgöttin – des alten Rom
bauen und auch einen der kleinasiatischen Muttergottheit
Rhea; gleichzeitig hat er die Irenenkirche vergrößert und die
neue Hauptkirche, die Hagia Sophia, bereits geplant. Auch ließ
er sich in seiner neuen Hauptstadt sein eigenes Mausoleum er-
bauen, in dem in zwei Halbkreisen Gedenksteine der zwölf

Apostel errichtet wurden. Nach dem Tode Konstantins am 22. Mai des Jahres 337 n. Chr. wurde sein Leichnam in diesem Grabbau in einem Sarkophag zwischen diese zwölf Apostel gestellt. Damit wollte er sich sinnbildlich als dreizehnter Apostel in deren Reihe aufgenommen sehen. Freilich ist auch der Gedanke nicht abwegig, daß ein nichtchristlicher Besucher des Mausoleums an jene römischen Kaiser erinnert werden sollte, die nach ihrem Tode als dreizehnter Gott unter die zwölf kanonischen römischen Staatsgötter aufgenommen wurden.

Es stellt einen Wendepunkt in der Geschichte des Imperium Romanum dar, daß es Konstantin im Zusammenhang der Gründung dieser ersten christlichen Hauptstadt nicht gelang, Männer aus der Führungsschicht des Westens in die neue Metropole zu ziehen. So rekrutierte sich der Senat und die gesamte Oberschicht Konstantinopels aus Männern des griechischen Ostens – aus Kleinasien. Dadurch bildete sich langsam, aber unaufhaltsam Rom als Hauptstadt des lateinischen Westens, Konstantinopel aber als neue Hauptstadt des griechischen Ostens heraus.

Damit jedoch beginnt für ganz Kleinasien ein völlig neuer Abschnitt der Geschichte, nämlich die Geschichte des Oströmischen und des Byzantinischen Reiches.

Abbildungsnachweis

Abb. 1: Aus: E. und H. Klengel, Die Hethiter. Geschichte und Umwelt, Verlag Anton Schroll & Co, Wien & München, 1970, S. 46. *Abb. 2:* Aus: H. T. Ucankuş, Ana Tanrıça Kybele'nin ve Kral Midas'ın Ülkesi, Phrygia. Ankara 2000, S. 178. *Abb. 3:* Aus: H. Koch, Es kündet Dareios der König … Vom Leben im persischen Großreich, Mainz 1992, Abb. 66, 68, 69. *Abb. 4:* Aus: R. Fleischer, Artemis von Ephesos und verwandte Kultstatuen aus Anatolien und Syrien, Brill, Leiden 1973, Taf. 18 (Photo: Österreichisches Archäologisches Institut). *Abb. 5, 6, 8, 9, 11, 12:* Zeichnung Gertrud Seidensticker, Berlin. *Abb. 7:* Aus: M. J. Vermaseren, Cybele und Attis. The Myth and the Cult, Thames & Hudson, London 1977, Fig. 22. *Abb. 10:* Photo Autor.

Karte Umschlaginnenseite vorne: Zeichnung von Angelia Solibieda, cartomedia, Karlsruhe. *Karten S. 128 und Umschlaginnenseite hinten:* © 1999 J. B. Metzlersche Verlagsbuchhandlung und Carl Ernst Poeschl Verlag GmbH in Stuttgart

Kurzbibliographie

Eine Publikation zur Geschichte Kleinasiens von den Anfängen bis in die Spätantike ist bislang noch nicht geschrieben worden. Andererseits ist die Fülle bedeutender Publikationen zu Einzelfragen aller Bereiche der Geschichte Kleinasiens in der Antike so gewaltig, daß es reinem Dezisionismus gleichkäme, hier eine Auswahl vorzustellen. Ich beschränke mich daher darauf, jene Titel aufzuführen, aus denen ich bei der Niederschrift dieses Büchleins unmittelbaren Nutzen gezogen habe. Sie können freilich für den interessierten Leser nur ein erster Einstieg in die faszinierende Welt des antiken Kleinasiens sein.

Alkim, U. B., Anatolien I. Von den Anfängen bis zum Ende des 2. Jahrtausends v. Chr., Genf 1968.

Baumgarten, A., Kleinasien unter Alexander dem Großen. Diss. Jena 1911.

Bengtson, H., Griechische Geschichte, München 1969⁴.

Bresson, A. u. Descat, R., Les cités d'Asie mineure occidentale au IIe siècle a. C., Bordeaux 2001.

Cohen, G. M., The Hellenistic Settlements in Europe, the Islands and Asia Minor, Berkeley/Los Angeles 1995.

Debord, P., L'Asie Mineure au IVe Siècle (412–323 a. C.), Bordeaux 1999.

Die Hethiter und ihr Reich. Volk der 1000 Götter, Katalog zur gleichnamigen Ausstellung, Bonn 2002.

Franzen, A., Kleine Kirchengeschichte, 5. Aufl. Freiburg 2000.

Goetze, A., Kulturgeschichte Kleinasiens, München 1957.

Hornblower, S., Asia Minor, in: Cambridge Ancient History IV², 1994, 209–233.

Hrozný, B., Die Lösung des hethitischen Problems, in: Mitteilungen der Deutschen Orientgesellschaft 56, 1915.

Jones, A. H. M., The Cities of the Eastern Roman Provinces, Oxford 1971.

Judeich, W., Kleinasiatische Studien, Marburg 1892.

Klengel, E. u. Klengel, H., Die Hethiter. Geschichte und Umwelt, Wien/München 1970.

Klose, D. O. A., Die Türkei, in: Antike Stätten am Mittelmeer, hrsg. v. K. Brodersen, Stuttgart 1999.

Leppeley, Cl., Rom und das Reich in der hohen Kaiserzeit (44 v. Chr.–260 n. Chr.), Bd. II: Die Regionen des Reiches, München/Leipzig 2001.

Levick, B., Roman Colonies in Southern Asia Minor, Oxford 1967.

Magie, D., Roman Rule in Asia Minor to the End of the third Century after Christ, 2 Bde., Princeton 1950–52.

Mellaart, J., Çatal Hüyük. Stadt aus der Steinzeit (= Neue Entdeckungen der Archäologie), Bergisch Gladbach 1967.

Metzger, H., Anatolien II. Vom Beginn des 1. Jahrtausends v. Chr. bis zum Ende der römischen Epoche, Genf 1969.

Meyer, E., Die Grenzen der hellenistischen Staaten in Kleinasien, 1925.

Mitchell, St., Anatolia. Land, Men and Gods in Asia Minor, 2 Bde., Oxford 1995.

Preaux, Cl., Le monde hellenistique. La Grèce et l'Orient, 2 Bde., Paris 1978.
Price, S. R. F., Ritual and Power. The Roman Imperial Cult in Asia Minor, Oxford 1987.
Robert, L., Etudes Anatoliennes, Paris 1937.
Ders., Villes d'Asie Mineure. Etudes de géographie ancienne, Paris 1962.
Ders., Documents d'Asie Mineure, Paris 1987.
Rostovtzeff, M., Gesellschafts- und Wirtschaftsgeschichte der hellenistischen Welt, 3 Bde., Darmstadt 1956 (ND 1984).
Sartre, M., L'Asie Mineure et l'Anatolie d'Alexandre à Dioclétien, Paris 1995.
Ders., L'Orient Romaine. Provinces et sociétés provinciales en Méditerranée orientale d'Auguste aux Sévères (31 av. J.-C.–235 ap. J.-C.), Paris 1991.
Schuler, Chr., Ländliche Siedlungen und Gemeinden im hellenistischen und römischen Kleinasien (= Vestigia 50), München 1998.
Schulz, R., Herrschaft und Regierung. Roms Regiment in den Provinzen in der Zeit der Republik, Paderborn 1997.
Sherwin-White, A. N., Roman Foreign Policy in the East, London 1984.
Sullivan, R., Near Eastern Royalty and Rome 100–30 BC, Toronto 1989.
Troia. Traum und Wirklichkeit. Begleitband zur gleichnamigen Ausstellung, 2001.
Wiesehöfer, J. u. Olshausen, E., Kleinasien. Geschichte, in: Der Neue Pauly, Band 6, 1999, 536–550.
Wörrle, M., Stadt und Fest im kaiserzeitlichen Kleinasien (= Vestigia 39), München 1988.

Register
der wichtigsten geographischen Begriffe

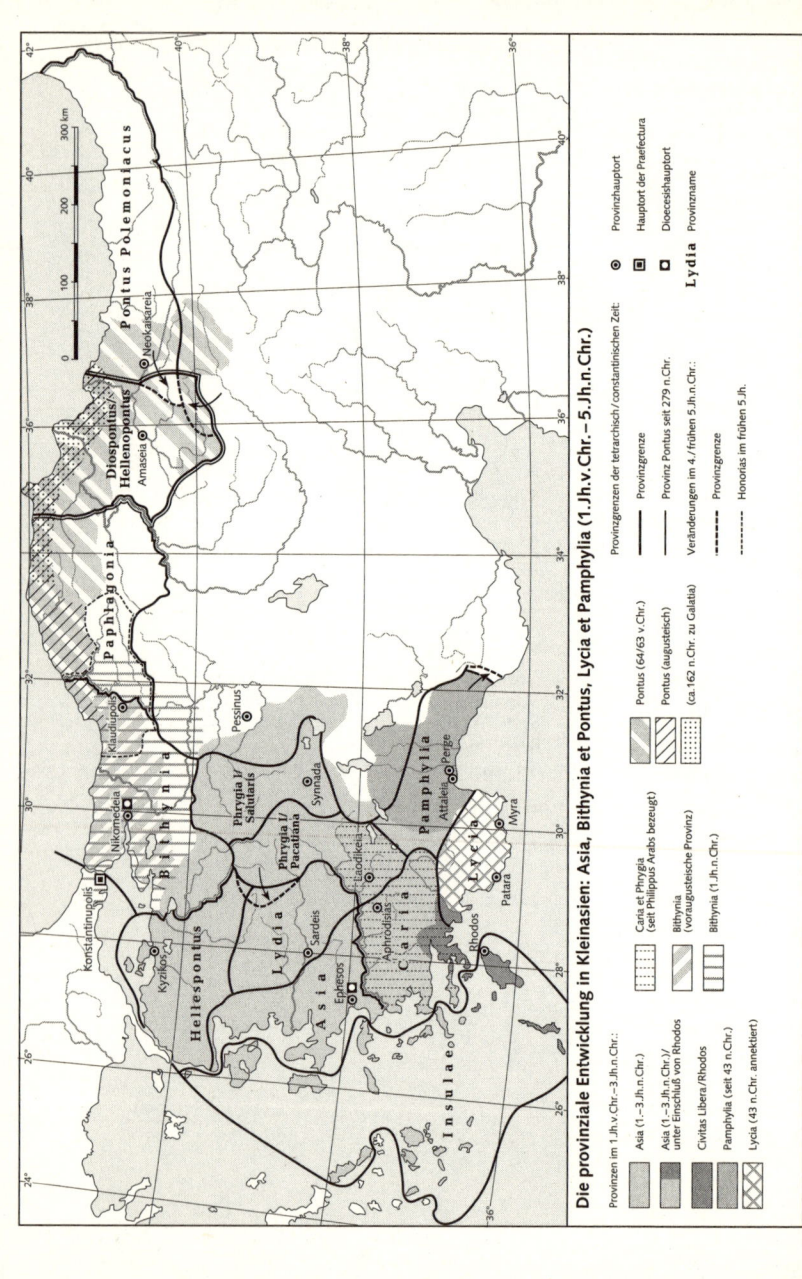

Die provinziale Entwicklung in Kleinasien: Asia, Bithynia et Pontus, Lycia et Pamphylia (1.Jh.v.Chr.–5.Jh.n.Chr.)

Provinzen im 1.Jh.v.Chr.–3.Jh.n.Chr.:

Asia (1.–3.Jh.n.Chr.)

Asia (1.–3.Jh.n.Chr.)/ unter Einschluß von Rhodos

Civitas Libera/Rhodos

Pamphylia (seit 43 n.Chr.)

Lycia (43 n.Chr. annektiert)

Caria et Phrygia (seit Philippus Arabs bezeugt)

Bithynia (voraugusteische Provinz)

Bithynia (1.Jh.n.Chr.)

Pontus (64/63 v.Chr.)

Pontus (augusteisch)

(ca. 162 n.Chr. zu Galatia)

Provinzgrenzen der tetrarchisch/constantinischen Zeit:

Provinzgrenze

Provinz Pontus seit 279 n.Chr.

Veränderungen im 4./frühen 5.Jh.n.Chr.:

Provinzgrenze

Honorias im frühen 5.Jh.

⊙ Provinzhauptort

▣ Hauptort der Praefectura

▢ Dioecesishauptort

Lydia Provinzname

Map labels:
Pontus Polemoniacus
Neokaisareia
Diospontus/Hellenopontus
Amaseia
Paphlagonia
Klaudiupolis
Pessinus
Nikomedeia
Bithynia
Hellespontus
Konstantinupolis
Kyzikos
Phrygia I/Salutaris
Synnada
Phrygia I/Pacatiana
Laodikeia
Lydia
Sardeis
Asia
Aphrodisias
Ephesos
Caria
Pamphylia
Attaleia ⊙ Perge
Lycia
Myra
Patara
Rhodos
Insulae